Selbst aktiv statt fremd bestimmt

Gelingende Partizipation
in Kita, Krippe und Kindertagespflege

Fea Finger

Selbst aktiv statt fremd bestimmt

Gelingende Partizipation
in Kita, Krippe und Kindertagespflege

HERDER

FREIBURG · BASEL · WIEN

www.herder.de

Umschlagkonzeption und -gestaltung: Gestaltungssaal,
Rohrdorf bei Rosenheim
Satz: Sabine Hanel, Gestaltungssaal
Coverillustrationen: © Dzm1try - shutterstock, pokki77 - shutterstock,
redstone - shutterstock, Sabine Hanel
Illustrationen im Innenteil: © Dzm1try - shutterstock,
redstone - shutterstock, Sabine Hanel

Herstellung: Graspo CZ, Zlín
Printed in the Czech Republic

ISBN (Print) 978-3-451-39944-2
ISBN EBook (PDF) 978-3-451-83080-8
ISBN EBook (EPUB) 978-3-451-83081-5

Inhalt

Einleitung

Partizipation ist wohl einer der gängigsten Begriffe in der Frühpädagogik. Gleichzeitig gibt es vermutlich keinen Begriff, der so unterschiedlich ausgelegt und verstanden wird. Für die einen scheint Partizipation eine Selbstverständlichkeit – natürlich werden die Kinder gefragt und mit einbezogen! Die anderen stellen das in Frage: Wo überall sollen Kinder denn mitbestimmen können? An was machen wir fest, ob die Kinder bereit dazu sind? Und können wir es überhaupt leisten, alle Kinder miteinzubeziehen? Was, wenn dann alle genau das Gegenteil von dem wollen, was die anderen gerade im Sinn haben? Diese und weitere Fragen beschäftigen Kita-Teams.

Partizipation ist ein Kinderrecht – und doch kann sie nur gelebt werden, wenn pädagogische Fachkräfte sich darauf einlassen, im Hier und Jetzt die Mitbestimmung und Beteiligung der Kinder an allen Entscheidungen, die sie betreffen, zuzulassen. Dafür braucht es Fachkräfte, die eine offene und fragende Haltung mitbringen, und gleichzeitig bereit sind, sensitiv auf die Kinder zu reagieren und Abläufe auch kurzfristig anders zu gestalten, um auf die Kinder besser eingehen zu können. Das erste Kapitel beschäftigt sich deshalb gleich mit der Haltung der pädagogischen Fachkräfte als Basis für Partizipation. Auch in den weiteren Kapiteln des Buches wird immer wieder deutlich, dass die Haltung und Dialogbereitschaft der Fachkräfte Partizipation erst möglich machen. Für die Kinder bedeutet Partizipation, sich selbst als Persönlichkeit entwickeln zu können und gleichzeitig Teil einer Gemeinschaft zu sein. Diese Gleichzeitigkeit stellt Fachkräfte in der Realität vor Herausforderungen. Denn sie sind nicht nur mit vielen verschiedenen Kindern und unterschiedlichen Entwicklungsphasen konfrontiert, sondern auch mit schwierigen Rahmenbedingungen, Erwartungen von Eltern und dem Anspruch an die eigene Arbeit. In den Beispielen aus der Praxis wird deutlich, wie Teams und einzelne Fachkräfte mit diesen Herausforderungen umgehen können – und wie Partizipation dennoch jederzeit gelebt werden kann.

1 Partizipation – was bedeutet das für die pädagogische Praxis?

Der Begriff Partizipation stammt aus dem Lateinischen (= participere) und bedeutet teilnehmen, teilhaben, beteiligt sein.

1.1 Die Haltung der pädagogischen Fachkraft als Basis

Alle Entscheidungen darüber, wo und wie Kinder in Kindertageseinrichtungen mit einbezogen werden und mitentscheiden dürfen und können, basieren auf der Haltung der pädagogischen Fachkräfte. Hier ist als erstes an das Prinzip der Gleichwürdigkeit zu denken. Jesper Juul (2015, S. 14) meint damit, dass alle Menschen von Geburt an die gleiche Würde haben – unabhängig vom Alter. Daraus folgt, dass Erwachsene die Gedanken und Gefühle von Kindern genauso ernst nehmen wie die eigenen oder die anderer Erwachsener und die Grenzen der Kinder wahren sollten.

In der Beziehung zwischen Kind und Fachkraft ist es die Aufgabe der Pädagog:innen, die Bedürfnisse der Kinder wahrzunehmen und zu berücksichtigen. Aus der Art und Weise, wie ihnen dabei begegnet wird, lernen Kinder unter anderem, ob ihre Sicht der Dinge für andere wichtig ist. Indem die Fachkräfte die Kinder ernst nehmen, sie nicht bevormunden oder belehren, entsteht eine gleichwürdige Beziehung. Diese Haltung zeigt sich täglich darin, wie das Fachpersonal mit den Kindern umgeht, also in Worten, Gesten, Blicken, im Tonfall, und ob die Erwachsenen wirklich bereit sind, zuzuhören, das eigene Wissen zurückzuhalten und nachzufragen. Diese dem Kind zugewandte Handlungsweise drückt sich so auch in nonverbalen Dialogen aus, zum Beispiel bei Krippenkindern, die noch nicht sprechen können (vgl. Hansen et al. 2015, S. 54f.).

Eine gleichwürdige Haltung ist auch die Grundlage für gelingende Partizipation im Kita-Alltag. Die Erwachsenen sehen das Kind mit seinen individuellen Wünschen, Bedürfnissen und Interessen – als eine Persönlichkeit, die einen eigenen Willen hat und das Recht, ernst genommen zu werden (vgl. ebd., S. 207). So erleben Kinder frühzeitig, dass sie beteiligt sind und mit entscheiden können, noch bevor sie an weiteren Formen von Partizipation innerhalb der Kindertageseinrichtung wie Gruppenabstimmungen etc. teilnehmen.

Es geht darum, eine respektvolle, dialogbereite Haltung den Kindern gegenüber einzunehmen.

1.2 Partizipation ist das Recht jedes Kindes

In Artikel 12 der UN-Kinderrechtskonvention wird das Recht der Kinder auf Beteiligung folgendermaßen festgeschrieben: „Die Vertragsstaaten sichern dem Kind, das fähig ist, sich eine eigene Meinung zu bilden, das Recht zu, diese Meinung in allen das Kind berührenden Angelegenheiten frei zu äußern, und berücksichtigen die Meinung des Kindes angemessen und entsprechend seinem Alter und seiner Reife.

Zu diesem Zweck wird dem Kind insbesondere Gelegenheit gegeben, in allen das Kind berührenden Gerichts- oder Verwaltungsverfahren entweder unmittelbar oder durch einen Vertreter oder eine geeignete Stelle im Einklang mit den innerstaatlichen Verfahrensvorschriften gehört zu werden."

Auch im Sozialgesetzbuch VIII wird klar formuliert, welche Rechte Kinder und Jugendliche in allen Entscheidungen der öffentlichen Jugendhilfe haben. Das SGB VIII setzt die Partizipationsorientierung der Kinder- und Jugendhilfe in differenzierte Rechte um. In § 8 SGB VIII heißt es:

> „(1) Kinder und Jugendliche sind entsprechend ihrem Entwicklungsstand an allen sie betreffenden Entscheidungen der öffentlichen Jugendhilfe zu beteiligen (…).

(….)

(4) Beteiligung und Beratung von Kindern und Jugendlichen nach diesem Buch erfolgen in einer für sie verständlichen, nachvollziehbaren und wahrnehmbaren Form.“

Da Kinder ihre Rechte nicht selbst einfordern können, müssen die Erwachsenen, hier die pädagogischen Fachkräfte, sich mit den Rechten der Kinder auseinandersetzen (vgl. Hansen et al. 2009, S. 46).

Pädagog:innen müssen zu jeder Zeit reflektieren, wann sie ihre Macht wie nutzen. Genauso gilt es zu hinterfragen, wo sie Macht abgeben können.

Exkurs: Die Macht pädagogischer Fachkräfte

Die Macht der pädagogischen Fachkräfte kann in vier verschiedene Formen unterteilt werden:

- Handlungs- und Gestaltungsmacht: Raumgestaltung, Einteilung der Kinder in Gruppen, Strukturierung des Tagesablaufs, Materialien, Projekte
- Verfügungsmacht: Zugang zu Ressourcen: Was wird wann genutzt, für was wird Geld ausgegeben, welche Schränke sind verschlossen und welche nicht?
- Definitions- und Deutungsmacht: Was ist richtig, was ist falsch, was ist gut und was ist böse? Pädagogische Fachkräfte beeinflussen durch ihre Haltung und Vorerfahrungen die Kinder.
- Mobilisierungsmacht: Fachkräfte können Kinder dazu bringen, ihren Vorstellungen zu entsprechen. Dazu werden Kinder begeistert und animiert, nett und freundlich gebeten oder eben auch nicht so nett zu etwas instruiert, wenn Widerstand spürbar wird.

(vgl. Hansen et al. 2015, S. 28f.)

Es herrscht ein Machtungleichgewicht zwischen Kindern und Erwachsenen. Vielen Fachkräften ist dieser Umstand jedoch noch nicht bewusst.

Definition Adultismus

Der Begriff *Adultismus* benennt das Machtungleichgewicht zwischen Menschen aufgrund des Lebensalters. Dieses Gefälle durchzieht die direkten Beziehungen zwischen Kindern und Erwachsenen und führt dazu, dass Kinder in vielen Bereichen ihres Lebens diskriminiert werden (vgl. Winkelmann 2022, S. 32f.).

Vieles von dem, was in Kindertageseinrichtungen durch Erwachsene entschieden wird, und auch wie mit den Kindern dort umgegangen wird, entsteht aus einer unbewussten und unreflektierten adultistischen Handlungsweise. So wird Kindern ihr Recht auf Mitbestimmung meistens unter dem „Deckmantel des Kinderschutzes" oder aus echter oder vorgeschobener Sorge um ihr Wohlbefinden verwehrt.

Oft werden Kinder zwar angehört, aber nicht tatsächlich beteiligt. Ein wirkliches Mitspracherecht wird ihnen nicht eingeräumt (vgl. Franz 2016, S. 79).

Bei genauerer Nachfrage kommen hier unreflektierte Glaubenssätze der Fachkräfte zum Vorschein: „So haben wir das immer gemacht, das ist richtig so", „So geht man eben mit Kindern um, die tanzen uns sonst auf der Nase herum", „Das müssen wir entscheiden, um die Kinder zu schützen", „Später müssen sie auch …" sind Aussagen, die dann zu hören sind.

Es finden Infoveranstaltungen statt, in denen die Fachkräfte den Kindern ihre Ideen mitteilen und vielleicht zwei Kleinigkeiten entscheiden lassen oder minimale Verantwortlichkeiten abgeben. In solchen Fällen kann man höchstens von „Alibi- Partizipation“ sprechen. Um sich tatsächlich beteiligen zu können, müssen Kinder vor allem darüber informiert sein, was an alltäglichen oder auch besonderen Ereignissen stattfindet und eine realistische Möglichkeit haben, darüber zu entscheiden.

1.3 Strukturelle Verankerung von Partizipation

Partizipation in Kindertageseinrichtungen findet auf verschiedenen Ebenen statt. Die Beziehung zwischen Kindern und pädagogischen Fachkräften mit einer entsprechenden Haltung (siehe Kapitel 1.1) sowie die strukturelle Verankerung der Kinderrechte bilden dabei die Grundlage für die Teilhabe an Entscheidungen auf weiteren Ebenen, wie zum Beispiel im Gemeinwesen.

Eine strukturelle Verankerung von Partizipation zeigt sich zum Beispiel in der Implementierung von Kinderparlamenten und Kinderräten, aber zuallererst darin, wie Selbstbestimmungsrechte, Mitbestimmungsrechte und Mithandlungsrechte der Kinder (siehe auch Kapitel 4) in der Kita implementiert sind. Kinder brauchen außerdem Begleitung, um zu verstehen, was ihre Rechte und Entscheidungsfreiheiten genau ausmachen. Sie müssen wissen, welche Rechte sie haben und wie sie sie nutzen können.

Außerdem ist es notwendig, dass Ressourcen wie Zeit, Räume, Unterstützung durch Fachkräfte und auch Materialien sowie die notwendigen finanziellen Mittel zur Verfügung stehen (vgl. Hansen et al. 2015, S. 57).

Partizipation von Anfang an

Die Kinder über ihre Rechte zu informieren und dazu zu befähigen, eigene Entscheidungen zu treffen, die dann auch von den Erwachsenen ernst genommen werden, ist in allen Formen der Umsetzung von Partizipation wichtig. Nicht erst bei der Gestaltung von Kinderparlamenten.

Strukturelle Verankerung von Partizipation bedeutet daher auch, dass die Fachkräfte sich bereits für kleine und größere Situationen des Alltags überlegen, wo Kinder welche Rechte haben und was das in der Umsetzung konkret heißt. Ein partizipativ gestalteter Alltag ist die Voraussetzung dafür, dass Kinder auch in weiteren Zusammenhängen ihre Rechte verstehen und wahrnehmen können. Erst wenn im Team geklärt ist, was Selbst- und Mitbestimmung bedeuten, die Umsetzung gut im Tagesablauf verankert und auf struktureller Ebene wirklich umgesetzt und ernst genommen wird, können nächste Schritte wie die Einführung von Kinderparlamenten gegangen werden.

Strukturen der Beteiligung in Kindertageseinrichtungen müssen für die Kinder verlässlich sein.

Kinder brauchen vor allem Zeit, um nach und nach ihre Rechte kennenzulernen (vgl. Regner & Schubert-Suffrian 2021, S. 29).

1.4 Die Kita als Ort der demokratischen Bildung

Dass die Umsetzung von Partizipation demokratische Bildung ist, wird von Fachkräften häufig als Grund angegeben, mehr Mitbestimmung in der Einrichtung leben zu wollen. Aber was heißt das genau?

Demokratiebildung bzw. ein erstes Verständnis von Demokratie bedeutet in der Kita, dass Kinder erleben, Rechte zu haben, und sehen, wie demokratische Prozesse gestaltet sind. Dadurch erwerben sie erste Handlungsmöglichkeiten, um sich auch später in einer demokratischen Gesellschaft zurechtzufinden (vgl. Hansen et al. 2009, S. 50). Weniger bewusst scheint hier die Tatsache zu sein, dass Kinder in Kitas immer politische Bildung erfahren, auch wenn sie nicht als solche bezeichnet wird. Sobald sich Situationen im Alltag ergeben, bei denen es darum geht, wie zwischen individuellen Interessen und denen der Gruppe unterschieden und entschieden werden kann, handelt es sich im Grunde um einen politischen Prozess. Auch aus diesen Prozessen lernen Kinder demokratische Grundlagen, wenn sie entsprechend gestaltet sind. Die Kinder können dann zum Beispiel miterleben, wie Konfliktlösungen für alle zufriedenstellend erarbeitet werden.

Kinder, die ernst genommen werden, lernen, dass sie Rechte haben, die sie einfordern können.

Im Kita-Alltag werden Materialien, Regeln und Strukturen immer wieder an die Wünsche und Bedürfnisse einzelner Kinder und/oder der Kindergruppe angepasst. Die Kinder sind Teil der Kita-Gemeinschaft, und sie erleben, dass sie ernst genommen werden. Das bedeutet auch, dass jedes Kind in seiner Individualität wahrgenommen und akzeptiert wird. So lernt das Kind, dass es Rechte hat, die es einfordern kann.

Diese Rechte gegenüber den Erwachsenen sind auch einklagbar und damit verbindlich (vgl. Regner & Schubert-Suffrian 2014, S. 22).

1.5 Partizipation als Teil des Bildungsauftrags

Bildung in Kindertageseinrichtungen wird mittlerweile als individueller Selbstbildungsprozess der Kinder verstanden. Indem die Kinder ihren Interessen nachgehen können, stellen sie sich immer weiter eigene Aufgaben, die sie dann lösen. Bildung ist dabei mehr als das Aneignen von faktischem Wissen. Mit Bildung ist hier auch die Entwicklung der Persönlichkeit und der eigenen Fähigkeiten gemeint.

Teil des Bildungsauftrages ist es, die Kinder durch eine entsprechende Umgebung und persönliche Beziehungen zu unterstützen, sich sowohl Wissen und Zusammenhänge erschließen zu können als auch ihre Identität und Selbstbewusstsein zu entwickeln. Dabei wird an den Ideen und Themen der Kinder angesetzt (vgl. von der Beek et al. 2005, S. 180ff.).

Es findet also Partizipation statt, indem die Kinder selbstbestimmt entscheiden, was sie gerade interessiert, was sie spielen oder an welchem Platz in der Kita sie sich zum Beispiel aufhalten möchten. Die Frage, was die Kinder gerade beschäftigt und wie die Fachkräfte ihnen begleitend zur Seite stehen können, ist ausschlaggebend für den Lernprozess. Wieder wird bewusst, wie wichtig eine dialogbereite Haltung der Fachkräfte ist, um Partizipation zu ermöglichen.

> Kinder wollen lernen, und es ist ihre eigene Leistung, die sie erbringen, indem sie sich die Welt erschließen.

Darüber hinaus braucht es Vertrauen in die Kinder und ihre Selbstbildungsprozesse, denn Kinder wissen instinktiv, was sie lernen wollen, und werden sich immer neue Aufgaben suchen, die dazu passen, und auf ihren bereits gewonnenen Fähigkeiten aufbauen (vgl. Wedewardt & Hohmann 2021, S. 132f.). Bildung kann also überhaupt nur dann stattfinden, wenn das Kind seinen eigenen Lernweg und seine eigenen Interessen herausfinden und ihnen folgen kann. Bildung können Erwachsene den Kindern nicht „eintrichtern". Denn: Wirkliches Lernen passiert nur partizipativ und individuell.

Daraus kann man schlussfolgern, dass Partizipation und das Einlassen auf die Selbstbildungsprozesse der Kinder mehr zum Lernen beitragen als gezielte Angebote das können, die dann auch noch verpflichtend für alle Kinder oder eine bestimmte Gruppe sind. Wenn die Beteiligungsrechte der Kinder in den Konzeptionen der Einrichtungen, aber auch in den Köpfen des Fachpersonals fest verankert sind, erhalten Kinder die Möglichkeit, sich wirklich mit ihren Themen, ihren Interessen auseinanderzusetzen. Das Motto „weg vom Vermitteln hin zum selbsttätigen Aneignen" leitet dann das pädagogische Handeln (vgl. Hansen et al. 2009, S. 47).

Dieser Weg bezieht sich nicht nur auf die Selbstbildungsprozesse, sondern auch auf das Zusammensein verschiedener Menschen in der Kindertageseinrichtung und führt dann letztlich zu Abstimmungen, Kinderparlamenten, Gremien, Kinderräten. Innerhalb transparenter Strukturen und Prozesse erfahren Kinder, dass Entscheidungen für alle verständlich von einer Gruppe getroffen werden. So kann Willkür verhindert werden.

„An welcher Stelle passiert was?“
„Wo werde ich überall gehört und von wem?“
„Bleibt das so und ist es vorhersehbar?“
„Wer bestimmt?“

1.6 Welche Kompetenzen brauchen die Erwachsenen von morgen?

Ein häufig genanntes Gegenargument in Bezug auf Partizipation lautet, dass man nicht immer im Leben alles freiwillig und nur aus Interesse und der eigenen Begeisterung heraus machen kann. Manchmal muss man eben auch etwas tun, wozu man keine Lust hat – so heißt zumindest der schnell gefundene Konsens unter Erwachsenen und oft auch unter pädagogischen Fachkräften. Aber was brauchen die Kinder wirklich, um in unserer Gesellschaft zu bestehen? Und wie bereiten wir sie bestmöglich auf die Welt von morgen vor? Doch nicht, indem wir sie alles Mögliche entscheiden lassen! Oder doch …?

Partizipation ist ein Kinderrecht.

Diese Art von Gesprächen blenden völlig aus, dass Partizipation längst ein Kinderrecht ist. Es geht nicht darum, zu diskutieren, ob Kinder partizipieren, sondern darum, wie wir Partizipation mit den Kindern gestalten können. Und um die Wichtigkeit davon zu verstehen und vertreten zu können, ist es gut zu wissen, welche Lebenskompetenzen Kinder durch Partizipation lernen.

Die Welt verändert sich momentan sehr schnell. Technische Fortschritte werden erzielt, das Klima ändert sich, Kinder wachsen ganz selbstverständlich mit sprachgesteuerten Smartphones und anderen mobilen Endgeräten auf. Der Arbeitsmarkt wird sich in den kommenden Jahren verändern. Einige Berufe wird es vermutlich nicht mehr geben, dafür werden andere entstehen. Alles ist komplex verknüpft und verändert sich immer weiter. Insgesamt sehen die Lebensentwürfe jetzt anders aus als noch vor einigen Jahren – und so verändern sich auch gesellschaftliches Leben und Bildungsthemen. Das hat zur Folge, dass vom einzelnen Menschen immer größere Flexibilität erwartet wird. In der nahen Zukunft werden Menschen nicht mehr einen Beruf erlernen und für immer ausüben, sondern sie werden sich kontinuierlich weiterbilden, um

Selbstwirksamkeit hilft Menschen dabei, psychisch gesund zu bleiben.

anschlussfähig zu bleiben, und vielleicht mehrmals in ihrem Erwerbsleben in immer wieder neue Tätigkeiten wechseln.

Auch in einer modernen Gesellschaft werden Gerechtigkeit und die Bereitschaft, Verantwortung zu übernehmen, zu den Grundwerten gehören (vgl. Sturzbecher & Waltz 2003, S. 40). Daher brauchen die Menschen, die bald erwachsen sein werden, methodische, soziale und personale Kompetenzen. Das alles gelingt nur, wenn man sich mit anderen Menschen auseinandersetzt, aushandelt, ähnliche Interessen findet. Die eigenen Ansichten müssen dann in einer guten Art und Weise vertreten werden, nicht durch Ausgrenzung und Machtmissbrauch. Partizipation ermöglicht Kindern, all diese Fähigkeiten zu lernen und zu erproben. Sie erfahren sich als wirksame Mitglieder einer Gemeinschaft und entwickeln Lösungskompetenzen. Dieses Selbstverständnis „Ich kann etwas tun, ich bin wichtig, ich wirke" hilft Menschen dabei, auch psychisch gesund zu bleiben. Mit diesem Blick entscheidet nicht allein das Schicksal über das eigene Leben, sondern wir selbst können etwas tun (vgl. ebd., S. 39f.).

Kinder brauchen in ihrem späteren Leben

- **die Fähigkeit, lebenslang selbstständig zu lernen und das Gelernte umzusetzen**
- **die Fähigkeit, richtige Informationen von falschen unterscheiden zu können**
- **die Fähigkeit, die eigenen Bedürfnisse zu kennen**
- **die Fähigkeit und Bereitschaft, Verantwortung zu übernehmen**
- **Kommunikationsfähigkeiten**
- **lösungsorientiertes Handeln**
- **die innere Überzeugung, etwas bewegen zu können**
- **Fähigkeiten zur Konfliktlösung**

(vgl. Schubert-Suffrian & Regner 2021, S. 15)

Damit ein Kind diese Kompetenzen entwickeln kann, braucht es zunächst Vertrauen in sich selbst. Es muss wissen, dass es etwas kann und dass es wirksam ist. Partizipation ermöglicht genau diese Prozesse (vgl. Schubert-Suffrian & Regner 2021, S. 16f).

> Lernwege werden wichtiger als Bildungserfolge.

Somit rückt der „Output“, also der Bildungserfolg, in den Hintergrund. Selbstverständlich dürfen diese Ergebnisse weiterhin zu Freude und Stolz führen! Doch für Pädagog:innen werden zunehmend andere Fragen in den Fokus treten. Es ist nicht mehr wichtig, dass ein Kind etwas Bestimmtes kann oder dass bestimmte Dinge vermittelt werden, sondern es geht darum, wie das Kind dahin gekommen ist, etwas zu lernen und zu können. Während wir heute noch oft fragen „Was kann das Kind?“, „Wie hält es den Stift?“, „Hat es den Turm gebaut und das Bild so gemalt, wie es sollte?“, werden wir in Zukunft andere Fragen stellen und diese Prozesse sichtbar machen: „Wie hat es das gelernt?“, „Wie konnte es etwas erschaffen?“, „Wie war der Weg dahin?“ und „Welche Kompetenzen hat das Kind gebraucht, um das zu können?“

Ich habe ein Recht
auf Beteiligung

2 „Das können die Kinder gar nicht entscheiden"

Partizipation beginnt im Kopf

Dass Partizipation in den Köpfen der pädagogischen Fachkräfte beginnt, ist eines der Erkenntnisse, die aus dem Modellprojekt „Die Kinderstube der Demokratie" (vgl. Hansen et al. 2009) gewonnen wurden. In vielen Kita-Teams ist das Thema Mitbestimmung der Kinder ein Dauerbrenner. Denn pädagogische Fachkräfte stoßen in der Praxis immer wieder an ihre eigenen Grenzen, die sich hinter Aussagen wie „Das können die Kinder ja noch gar nicht entscheiden" verbergen.

Das Beispiel

In der „Kita Kirschbaum" gibt es jeden Tag ein „Mitbestimmerkind". Es darf entscheiden, welches Lied im Morgenkreis gesungen wird, und sucht dann aus zwei Möglichkeiten die Aktivität aus, die anschließend für alle Kinder angeboten wird. Erzieher Markus findet, dass sei genug Partizipation. Und diese Meinung teilt die Mehrheit im Team: Immerhin darf jeweils ein Kind mitbestimmen, und es ist auch jeden Tag ein anderes. „So kommen alle mal dran. Da lernen sie auch gleich Gerechtigkeit!"

Was ist hier passiert?

Das Team glaubt, bei Partizipation handelt es sich um reine Entscheidungsgewalt. Die Frage des „Bestimmenden“ scheint für die Fachkräfte ausschlaggebend zu sein. Außerdem gibt es im Team den Glaubenssatz: „Nicht alle können alles entscheiden.“ Aus diesen Gründen haben die Fachkräfte eine Lösung in Form des Mitbestimmerkindes gefunden und geben einen Teil ihrer Macht (siehe dazu Seite 9f.), aber auch einen Teil ihrer Verantwortung für eine bestimmte Situation im Tagesablauf jeweils an ein Kind ab.

Hier handelt es sich nicht um echte Partizipation, da es keine Aushandlungs- oder Abstimmungsprozesse gibt und außerdem nur das jeweilige Mitbestimmerkind allein entscheiden kann. Die anderen Kinder können sich nicht beteiligen und müssen sich stattdessen mit dem abfinden, was für sie entschieden wird. So lernen die Kinder nicht Gerechtigkeit, sondern eher das Gegenteil. Sie erfahren, überspitzt gesagt, dass am Ende die Willkür der Erwachsenen entscheidet.

Da die Kinder nicht wissen, dass sie ein Recht auf Mitbestimmung (siehe Seite 31) haben, können sie es auch nicht einfordern. Auch die Beziehung zwischen den Fachkräften und den Kindern erfährt auf diese Weise keine Vertiefung.

Was könnten Markus und das Team stattdessen tun?

Um Partizipation wirklich zu leben, ist es die Aufgabe von Markus und dem Team, genau zu hinterfragen, was sie selbst über Partizipation denken, um herauszufinden, welche Annahmen und Denkweisen über die Mitbestimmung der Kinder im gesamten Team bestehen. Im nächsten Schritt müssen Markus und seine Kolleg:innen etwas von ihrer Macht an die Kinder abgeben (siehe Seite 9f.) und sich darauf einlassen, dass manche Prozesse ergebnisoffen stattfinden oder vielleicht auch mehr Zeit benötigen, als die Erwachsenen angenommen haben.

> Voraussetzung für Partizipation ist die Selbstreflexion.

Eigene Annahmen über Partizipation reflektieren

- Was durfte ich als Kind (mit-)entscheiden? Wie habe ich mich dabei gefühlt?
- Was wurde für mich entschieden? Wie habe ich mich dabei gefühlt?
- Welche Meinung habe ich heute dazu, was Kinder entscheiden können/sollten?
- Wie denken meine Teammitglieder darüber?
- Wo denken wir ähnlich, was unterscheidet uns?
- Bei welchen Bereichen und Themen fällt es mir leicht, Kinder entscheiden zu lassen?
- Wo fällt es mir schwer? Warum?

3 „Ich hab keine Zeit für Diskussionen!“ Partizipation ist ein Dialog

Die Erwartung, dass Kinder machen müssen, was Erwachsene ihnen sagen, ist noch in vielen Köpfen verankert. Je jünger die Kinder sind, umso eher wird angenommen, dass sie kooperieren müssen und selbst noch keine Entscheidungen treffen können. Dabei ist es pädagogische Aufgabe, auch und gerade sehr jungen Kindern genau zuzuhören und zuzusehen, um dann entsprechend reagieren zu können. Kleine Signale können entscheidend sein und tragen dazu bei, was das Kind über sich und die Welt lernen und denken wird. Immer besteht dabei die Möglichkeit zum (auch non-verbalen) Dialog.

Das Beispiel

Toni ist gerade zwei Jahre alt geworden und spielt im Garten im Sandkasten. Gerade versucht Toni, ein kleines Stöckchen durch die Löcher eines Siebs zu stecken, als Erzieherin Alisa dazukommt. „Toni, deine Windel ist voll. Darf ich dir eine neue anziehen?“ Toni schüttelt den Kopf und sagt deutlich: „Nein!“

Alisa erwidert: „Ich kann dich hier nicht in der vollen Windel sitzenlassen. Komm jetzt mit!“ Sie nimmt Toni das Stöckchen aus der Hand, hebt das Kind hoch und geht in Richtung Badezimmer. Als Toni zu weinen beginnt und noch einmal „Nein“ sagt, entgegnet Alisa: „Da musst du aber jetzt nicht weinen. Es gibt gar keinen Grund dafür!“

Was ist hier passiert?

Alisa sieht sich in der Verantwortung, für Tonis körperliche Gesundheit zu sorgen. Damit liegt sie natürlich generell richtig, doch gleichzeitig geht sie in dieser Situation über mehrere Grenzen des Kindes hinweg, ohne sich dessen bewusst zu sein.

Es beginnt damit, dass Alisa zwar eine Frage stellt, dann aber die Antwort nicht akzeptiert. Anschließend nutzt sie ihre Macht, indem sie sich auch körperlich gegen Toni durchsetzt. Sie nimmt das Stöckchen weg und trägt das Kind gegen dessen ausdrücklichen Willen ins Badezimmer. Dabei bringt Alisa auch verbal zum Ausdruck, dass sie die Gefühle des Kindes an dieser Stelle nicht ernst nimmt und nicht weiter darauf eingehen will. Toni lernt in der Situation, dass ihr „Nein“ nicht respektiert, sondern übergangen wird. Außerdem schwingt die Erwartung mit, dass Toni sich nach der Anweisung der erwachsenen Person zu richten hat.

Es ist für Toni keine gute Situation, sondern eine, in der Willkür spürbar ist und der Druck, sich anpassen zu müssen. Eindeutig werden hier die Rechte des Kindes verletzt. Toni kann nicht an der Entscheidung teilhaben, obwohl die individuelle Entwicklung des Kindes das mit Sicherheit zulassen würde.

Was könnte Alisa stattdessen tun?

Alisa könnte wahrnehmen, dass Toni in ein Spiel vertieft ist und es nicht unterbrechen will. Anstatt also darauf zu bestehen, dass die Windel aber nun einmal voll ist und dringend gewechselt werden muss, kann sie die Aussage des Kindes ernstnehmen. Dadurch käme es nicht zur puren Durchsetzung der Macht einer Erwachsenen gegenüber dem Kind, und Toni würde in die Entscheidung miteinbezogen werden.

Es würde sich auch anbieten, Toni schon einmal darauf vorzubereiten, dass gleich das Wechseln der Windel ansteht: „Ich sehe, dass du gerade noch beschäftigt bist. Deine Windel ist wirklich sehr voll. Ich komme gleich noch einmal wieder. Vielleicht kannst du dann mitkommen." Danach könnte Alisa sich mit einem freundlichen Lächeln zurückziehen, Toni beobachten und auf einen günstigeren Moment warten. Vermutlich könnte Toni sich dann besser auf das Vorhaben einlassen. Die Botschaft ist: Toni wurde gehört und wird vermutlich wieder gehört werden.

Kinder haben das Recht, über sich selbst zu entscheiden.

Aber auch bei einem weiteren Nein im zweiten Anlauf darf Alisa das Kind nicht zum Wechsel der Windel zwingen oder überreden, denn Toni hat das Recht, selbst zu entscheiden. Alisa hat zwar die Verantwortung für die körperliche Gesundheit des Kindes, aber eben auch für die Situation und wie sie gestaltet wird. Sie hat dafür zu sorgen, dass die Windel gewechselt wird und zeitgleich auch dafür, dass Tonis Grenzen gewahrt bleiben. Durch eine zugewandte, verständnisvolle Haltung kann Alisa Toni auf Augenhöhe begegnen und den Ablauf mit ihrer Verantwortung für die Situation vereinbaren.

Exkurs: Partizipation beim Wickeln

Dass Kinder gefragt werden sollten „Darf ich dir eine neue Windel anziehen?", sorgt bei Fachkräften immer wieder für Kopfschütteln: „Was sollen die Kinder denn da entscheiden dürfen? Die Windel muss nun mal erneuert werden und fertig! Wo kommen wir denn hin, wenn wir das mit jedem Kind neu diskutieren!?"

Wie in der Auflösung des Beispiels gezeigt, muss es gar nicht erst zu einer Diskussion kommen. Die „Diskussion" entsteht oft dann, wenn Fachkräfte in Stress geraten oder nicht bereit sind, Macht und Kontrolle über die Situation abzugeben und Alternativen anzubieten. Mögliche Alternativen in diesen Situationen können zum Beispiel auch sein, dem Kind eine andere Fachkraft vorzuschlagen, die das Wickeln übernimmt, oder einen anderen Ort anzubieten. Manchmal bevorzugen Kinder einfach jemand anderen und nicht die Person, die gerade fragt.

Manchmal probieren sie auch aus, ob ihre Grenze geachtet wird und ob dies auch verlässlich so bleibt.

Manche Kinder möchten ein bestimmtes Spielzeug zum Wickeln mitnehmen oder wollen, dass jemand darauf aufpasst, so lange sie weg sind. Auch das ist Teil der Mitbestimmung.

Folgende Schritte empfehlen sich, um die Partizipation des Kindes beim Wickeln zu ermöglichen:

- Das Kind fragen, ob es eine neue Windel möchte.
- Das Kind fragen, ob die Person, die sich danach erkundigt, ihm die neue Windel anziehen darf (immer!).
- Ein „Nein" akzeptieren.
- Eine andere Fachkraft, die das Kind gut kennt, als Alternative anbieten.
- Nach fünf Minuten noch einmal fragen.
- Das Kind fragen, ob es beim Wickeln lieber liegen oder stehen möchte.
- Das Kind eine Windel aussuchen lassen.
- Das Kind in die Vorbereitung des Wickeltischs miteinbeziehen.
- Die folgenden Schritte beim Wickeln benennen und warten, bis das Kind soweit ist.
- Wenn die Windel so voll ist, dass die Gesundheit des Kindes in Gefahr ist, übernehmen Fachkräfte die Verantwortung, indem sie eine Entscheidung für das Kind treffen. Doch auch dabei ist es wichtig, dem Kind zu erklären, was passiert, und es mit einzubeziehen.

4 „Das wird sowieso im Chaos enden!" Selbstbestimmungsrechte, Mitbestimmung & Mithandlungsrechte

Zu oft wird angenommen, Partizipation könne nicht für jedes Kind individuell umgesetzt werden. Meistens bewegen sich die Debatten darüber dann auf der Ebene der Selbstbestimmungsrechte, und es geht vorrangig darum, ob und, wenn ja, ab welchem Alter Kinder über welche Thematik entscheiden sollten.

Es ist allerdings nicht hilfreich, das Alter als Kriterium dafür heranzuziehen, denn Kinder sind in ihrer Entwicklung höchst individuell. Ein Kind mit drei Jahren kann vielleicht bereits etwas für sich entscheiden, womit ein älteres Kind noch Schwierigkeiten hätte. Auch der aktuelle Tag, der aktuelle Kontext, die familiäre Situation und die Tageszeit tragen dazu bei, ob ein Kind gerade mit einer Entscheidung überfordert ist oder nicht.

Das Beispiel

Jonathan ist den ganzen Tag im Garten oder im Turnraum zu finden. Seine Freunde Timo und Ahmed sind immer dabei. Oft geht es wild zu. Das ist den Erzieherinnen Carola und Claudi aufgefallen. Sie versuchen immer wieder, mit den Jungen zu sprechen und sie an die Regeln der Einrichtung zu erinnern. „Hier gibt es auch noch andere Kinder, denen und uns ist das zu laut! Ihr seid ab sofort leiser, sonst müssen wir uns was überlegen!", sagt Claudi, nachdem die drei Jungen schon einige Male ermahnt wurden.

Jonathans Eltern machen sich außerdem Sorgen, dass er nicht breit genug gefördert wird, wenn er immer das Gleiche spielt. Das Elterngespräch steht an.
Claudi und Carola besprechen sich heute kurz im Flur und entscheiden, dass die drei Freunde in der kommenden Woche nicht mehr so viel zusammen spielen dürfen – besonders bei den Mahlzeiten empfinden sie es als zu laut.
Beim Mittagessen geht Carola zu dem Tisch, an den die drei Jungen sich gerade gesetzt haben: „Ihr könnt nicht mehr zusammen essen. Ihr seid immer zu laut, und das stört die anderen! Wir haben es jetzt lange genug immer wieder gesagt, und es funktioniert nicht. Ahmed setzt sich bitte da drüben hin, und Timo kommt zu Claudi an den Tisch. Sonst geht es nur woanders weiter!"

Selbstbestimmungsrechte

Mit dem Recht, über sich selbst zu bestimmen, entscheidet jedes Kind für sich selbst und individuell, unabhängig vom Alter. Darunter fallen zum Beispiel:

- **Teilnahme am Morgenkreis und anderen Angeboten**
- **Wo spiele ich und mit wem?**
- **Was sind meine Interessen? Mit was möchte ich mich beschäftigen?**
- **Was esse ich?**
- **Was ziehe ich an, um nach draußen zu gehen?**

Was ist hier passiert?

Carola und Claudi sind sich einig darüber, dass die drei Jungen zu viel Unruhe stiften und empfinden das vor allem während der Mahlzeiten als störend. Es wird nicht klar, ob sich auch andere Kinder und Fachkräfte vom Spiel der drei Jungen gestört fühlen. Carola und Claudi haben die Jungen jedenfalls immer wieder ermahnt und auf Regeln der Einrichtung hingewiesen. Das scheint nichts zu helfen.

Außerdem steht das Gespräch mit Jonathans Eltern an und macht den beiden Erzieherinnen zusätzlich Druck. Es scheint wirklich so zu sein, dass Jonathan seine Interessen sehr einseitig auslebt und dabei eben nicht in vollem Umfang gefördert wird.

Schließlich wissen sich Claudi und Carola nicht mehr anders zu helfen. Sie beschließen, die Jungen voneinander zu trennen. Dabei beachten sie die Rechte der Kinder nicht. Sie beziehen sie nicht mit in ihre Entscheidung ein, sondern erwarten, dass sie sich an die Anweisungen halten. Die Jungen sollen die Regeln einhalten, sie sollen ruhiger sein, sich mehr anpassen und mehr Rücksicht nehmen. Da die Kinder das nicht schaffen und den beiden Erzieherinnen eine alternative Handlungsmöglichkeit zu fehlen scheint, beschließen sie eine willkürliche Trennung der drei Kinder in einer Situation, die für die Erwachsenen am schwersten auszuhalten ist – beim Mittagessen. Zu diesem Zeitpunkt wissen die Kinder noch nicht, dass sie auch in der kommenden Zeit weniger zusammen spielen dürfen. Sie werden komplett übergangen und haben keine Chance, ihr Recht auf Selbstbestimmung wahrzunehmen.

Was könnten Carola und Claudi stattdessen tun?

Carola und Claudi nutzen ihren Stand und ihre Macht als Erwachsene und Fachkräfte, um den Kindern Anweisungen zu geben, an die sie sich halten sollen, anstatt die Kinder wirklich mit einzubeziehen. Jedes Kind hat das Recht, selbst zu entscheiden, wo und mit wem es spielen will. Auch im Hinblick auf das anstehende Elterngespräch brauchen die Fachkräfte eine klare Haltung und Vorstellung darüber, warum ihnen Partizipation wichtig ist und was Kinder lernen, gerade wenn sie ihren Interessen nachgehen können. Anstatt also die Rechte der Kinder einzuschränken, müssten die beiden Erzieherinnen sich darüber klar werden, warum es für Kinder wichtig ist, über sich selbst entscheiden zu können.

Diese Reflexion kann auch in einer Dienstbesprechung oder an einem pädagogischen Tag für das ganze Team stattfinden. Die Leitung kann dafür sorgen, solche Themen immer wieder zu besprechen und für alle transparent zu machen. Genauso ist es unter Umständen Aufgabe anderer Teammitglieder, ihre Kolleg:innen auf vorschnelles Handeln und die mangelnde Beachtung der Kinderrechte aufmerksam zu machen oder bei der Leitung den Wunsch vorzubringen, sich im gesamten Team damit zu befassen und weiterzubilden.

Die Einhaltung und Umsetzung der Kinderrechte ist immer Aufgabe des gesamten Teams.

Auch die Mitbestimmungsrechte und Mithandlungsrechte der Kinder müssen im Team besprochen werden und für alle klar sein: Mitbestimmungsrechte sind die Rechte, die die Kinder als Gruppe wahrnehmen. Es geht darum, zu erfahren, welche Auswirkungen die eigenen Entscheidungen auf die Gruppe haben können. Hierfür braucht es entsprechende Zeiten im Tagesablauf, zu denen sich die Kinder informieren können bzw. informiert werden. Sie sollten sich über die Thematik austauschen und eventuell abstimmen oder auf andere Weise zu einem Konsens gelangen können.

Mögliche Mitbestimmungsrechte

- **Was soll es zum gemeinsamen Frühstück geben?**
- **Welches Spielzeug wird gekauft?**
- **Wohin geht der nächste Ausflug?**

Mithandlungsrechte

Mithandlungsrechte legen fest, wo Kinder innerhalb der Kindertageseinrichtung in alltagspraktischen Handlungen aktiv werden können. Sie ergeben sich aus den Selbstbestimmungs- und Mitbestimmungsrechten. Denn: Haben Kinder Selbstbestimmungs- und Mitbestimmungsrechte, ist es nur logisch, dass sie auch im Alltag der Einrichtung mit einbezogen werden. Mithandlungsrechte zeigen auf, wo die Kinder im Alltag freiwillig oder verpflichtend bestimmte Ämter übernehmen oder Aufgaben selbstständig wahrnehmen können.

Mögliche Mithandlungsrechte

- **Pflanzen gießen**
- **Tisch decken oder abräumen**
- **Andere Kinder an die Kinderkonferenz erinnern**
- **Getränkeflaschen auffüllen**
- **Kühlpacks holen, wenn sich ein anderes Kind gestoßen hat**

An diesen Beispielen ist gut zu erkennen, wie wichtig es ist, dass die Fachkräfte über ihre Macht nachdenken und bereit sind, einen Teil davon an die Kinder abzugeben. Kinder lernen mit der Zeit, was zu kalt ist und was zu warm, was schmeckt und was nicht, und übernehmen immer mehr Verantwortung für sich und andere. Das braucht Geduld und vor allem gute Begleitung durch die pädagogischen Fachkräfte. Die Erzieher:innen können immer wieder neu entscheiden, sich auf den Prozess einzulassen und das Kind zu begleiten.

Zurück zu unserem Beispiel: Nachdem auch der Hinweis auf Regeln nicht die gewünschte Wirkung zeigt, sondern eher zu einem Machtkampf führt, könnten Carola und Claudi zusammen mit dem Team die Regeln überdenken und entweder verändern oder abschaffen.

Regeln, an die die Kinder sich vermehrt nicht halten können, sind nutzlos und sorgen eher für Stress bei allen Beteiligten. Die Fachkräfte bestehen dann darauf, dass die Regel nun einmal die Regel ist und eingehalten werden muss. Die Kinder dagegen können entweder die Regel nicht verstehen, weil sie aufgrund ihrer Entwicklung noch nicht so weit sind, oder sie vergessen sie ganz einfach im entscheidenden Moment. Daraufhin empfinden Fachkräfte das Verhalten der Kinder oft als provozierend, weil sie davon ausgehen, die Regel sei ja allen bekannt. Beides spricht dafür, die Regel zu reflektieren, um aus diesem Kreislauf auszubrechen. Es braucht keine Vorschriften und vermeintlich unumstößliche Regeln, die dann auch noch für alle Kinder gelten. Im Grunde sind solche Regelungen für die Umsetzung von Partizipation eher hinderlich. Selbst wenn Fachkräfte an einer Stelle erkennen, dass sie mit dem Kind eine andere und vermutlich bessere Absprache treffen könnten, trauen sie sich oft nicht, weil es eben eine bestimmte Regel gibt, die dem Ganzen im Weg steht. Oder sie machen eine Ausnahme, was dann zu Unmut im Team führt, weil anderen die Einhaltung der Regeln wichtig ist. So können manche Regeln eher zu Unsicherheit als zu Sicherheit innerhalb des Teams und damit auch innerhalb der Kindergruppe führen, obwohl sie das Gegenteil bewirken sollen.

> Erwachsene müssen einen Teil ihrer Macht an die Kinder abgeben.

Ausgenommen sind Regeln, die dafür sorgen, dass das Leben und die Gesundheit der Kinder und Fachkräfte geschützt sind. Es gilt, sich im Team auszutauschen und zu klären, welche Regeln wirklich dem Schutz dienen und deswegen nicht verhandelbar sind.

Regeln, die die Kinder selbst beschlossen haben oder bei denen sie in die Entwicklung mit einbezogen wurden, sind für sie verständlicher und leichter nachvollziehbar. Gleichzeitig ist es auch vollkommen normal, dass Regeln im Alltag vergessen werden. Also gehört es zur pädagogischen Arbeit, Kinder in angemessener Art und Weise an Regeln zu erinnern und bei Nichteinhaltung zu überprüfen, woran das liegt (vgl. Hohmann 2022, S. 73f.).

> An Regeln, an deren Beschluss sie beteiligt waren, können sich Kinder eher halten.

Reflexionsfragen zu Regeln

- Welche Regeln bestehen schon seit vielen Jahren und wurden nie überdacht?
- Fällt es den Kindern leicht, sich an die Regeln zu halten?
- Warum können Regeln manchmal nicht eingehalten werden?
- Welche Regeln dienen uns und den Kindern wirklich?
- Welche Regeln schränken uns und die Kinder ein?

Dass Kinder Regeln und Grenzen brauchen, wird schnell einmal dahingesagt, wenn es darum gehen soll die Regelwerke der Kita zu überdenken. Darin schwingt die Sorge mit, Partizipation würde alles aushebeln, was bisher gut und dienlich war. Indem die Kinder die Regeln mit aushandeln und mit beschließen, erfahren sie, dass die Grenze für die eigenen Ideen und Wünsche erreicht ist, wenn diese mit den Vorstellungen anderer Mitglieder der Gemeinschaft kollidieren. Eine Gemeinschaft, von der sie ein Teil sind. Dass diese Regeln immer wieder innerhalb der Gemeinschaft überprüft werden, ist Teil des Prozesses (vgl. Schubert-Suffrian & Regner 2021, S. 75).

5 „Da sind wir einfach anderer Ansicht!" Verständigung über Partizipation im Team

Ein Team braucht eine gewisse theoretische Grundlage, um Partizipation in der Einrichtung leben und weiterentwickeln zu können. Eine grundsätzliche Auseinandersetzung mit den Zielen von Partizipation und den rechtlichen Grundlagen bilden das Fundament, auf dem sich die einzelnen Teammitglieder eine Meinung bilden können.

Das Beispiel

In der Teamsitzung soll besprochen werden, ob die Kinder in Zukunft Matschhosen im Garten anziehen müssen oder nicht. Die Leitung stellt die Thematik anhand eines Beispiels aus der vergangenen Woche vor: Drei Fachkräfte waren in dieser Situation in Streit geraten. Hannah war der Meinung gewesen, eine Matschhose sei nötig. Elena fand, es sei nicht notwendig und sowieso zu warm. Und Hugo hatte dafür plädiert, die Kinder einfach selbst entscheiden zu lassen. Die drei Beteiligten stellen nun in der Teamsitzung ihre verschiedenen Standpunkte dar, im Anschluss soll abgestimmt werden.
Es zeigt sich, dass eine Abstimmung gar nicht so einfach ist. Mehrere Teammitglieder können alle drei Seiten nachvollziehen.

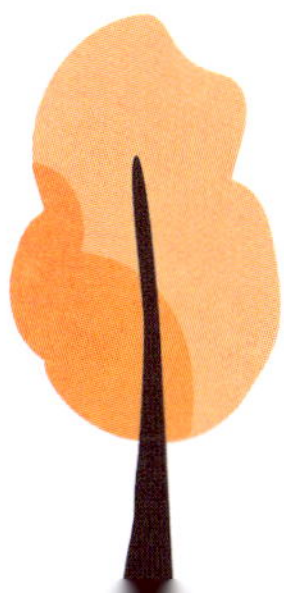

Was ist hier passiert?

Die Leitung hat angenommen, das Thema wäre ganz einfach innerhalb einer Teamsitzung aus der Welt zu schaffen. Im Verlauf stellt sich nun heraus, dass das gar nicht so einfach ist, wie zunächst gedacht, und an anderer Stelle angesetzt werden muss. Alle Meinungen sind gehört worden, die Ansichten können nebeneinander stehenbleiben. Das ist ein guter erster Schritt, um zu einer Lösung zu finden.

Die naheliegende Möglichkeit scheint ein Abstimmungsprozess zu sein, bei dem die Mehrheit entscheidet. Dieses Mittel wird auch oft in Kindergruppen angewandt, um zu einer Entscheidung zu kommen. Diese Methode wird oft als der Inbegriff von Demokratie verstanden und in dem Selbstverständnis genutzt, dass dann auch alle zufrieden sind.

Allerdings ist eine Abstimmung in der momentanen Situation nicht möglich. Im Team will und kann sich niemand so richtig für eine Variante entscheiden. Der Gedanke, die Kinder mehr mit einzubeziehen und Entscheidungen treffen zu lassen, die sich auf alle anderen und die Kita im Gesamten auswirken, wird dabei ganz unterschiedlich aufgenommen. Von Zweifel über Ablehnung bis hin zu Begeisterung und Tatendrang kann innerhalb eines Teams alles vertreten sein. Eine Abstimmung beinhaltet auch, dass es eine Minderheit geben kann, die dann die getroffene Entscheidung missbilligt und vielleicht offen oder verdeckt nicht mitträgt. Weitere Konflikte im Team und eine erschwerte Zusammenarbeit sind die Folge (vgl. Schwarzer & Heller 2021, S. 9).

Die Rechte der Kinder und ihre Umsetzung in der Praxis finden in diesem Beispiel gar keine Beachtung. Nur die Erwachsenen diskutieren und entscheiden. Es ist erkennbar, dass das Team noch keine gemeinsame Grundlage erarbeitet hat, auf der Partizipation in der Einrichtung aufbauen kann.

Was könnte das Team stattdessen tun?

Um Partizipation wirklich zu leben, muss sich das Team zunächst über einige Sachverhalte klar werden. Macht und Abgabe von Macht sowie adultistische Verhaltensweisen müssen reflektiert, angesprochen und verstanden werden. Es muss klar werden, dass bestimmte Handlungen keine pädagogischen Maßnahmen darstellen, sondern Kinderrechte verletzen. Gleichzeitig dürfen Fachkräfte ihre Verantwortung nicht einfach übersehen (vgl. Finger 2023, S. 11ff.). Genau hier spielt sich der innere Konflikt ab, den die einzelnen Teammitglieder jetzt in der Frage der Matschhose erleben.

Um einer Lösung näherzukommen, müssen die Erfahrungen der Fachkräfte mit Teilhabe und Mitbestimmung in der eigenen Kindheit reflektiert werden. Und die gesetzlichen Grundlagen von Partizipation müssen besprochen werden, bevor das Team darüber diskutiert, was sich wie umsetzen lässt.

Es lohnt sich auch, gemeinsam darüber nachzudenken, wo die Kinder bereits mitbestimmen können. So wird der Blick auf das gelegt, was ein Team bereits erreicht hat und verbindet, anstatt auf trennende Elemente zu schauen.

Reflexion über Mitbestimmung

!

- **Gab es Projekte, die mit den Kindern gemeinsam gestaltet wurden?**
- **Gab es eine Veränderung, die herbeigeführt wurde, weil es für die Kinder besser war oder die Kinder selbst gesagt haben, dass sie etwas ändern wollen?**
- **Was hat sich dadurch (mit-)verändert?**

Anhand von vier Stufen können die Fachkräfte anschließend reflektieren, wie ausgeprägt die Beteiligung der Kinder in ihrer Einrichtung bereits ist:

1. Information: Worüber werden die Kinder informiert?
2. Vorschläge machen: Wo dürfen die Kinder mitreden?
3. Mitentscheiden: Wann dürfen die Kinder mitentscheiden?
4. Selbst entscheiden: Wann dürfen die Kinder selbst entscheiden?

Noch konkreter wird Partizipation, wenn sich ein Team damit auseinandersetzt, welche Mitbestimmungsrechte Kinder wirklich haben sollen. Eigene Überzeugungen und Glaubenssätze treten dann hervor. Das erste Ziel ist noch keine Lösung, sondern es geht darum, verschiedene Standpunkte anzuhören und die eigene Meinung zu reflektieren. Die Teammitglieder treten sich wertschätzend und respektvoll gegenüber. Jede Ansicht ist in Ordnung, keine Meinung wird abgewertet, sondern es wird erfragt, was das Gegenüber genau meint. So bleibt der Dialog erhalten, und alle können sich äußern in dem Wissen, weiter als vollwertiges Teammitglied ernst genommen zu werden. Das Prinzip der Gleichwürdigkeit greift auch hier. Sorgen und Ängste dürfen genauso sein wie Begeisterung und Visionen.

Eigene Glaubenssätze beeinflussen das Partizipationsverständnis.

Dieser Prozess des Zusammenfindens in Fragen der Partizipation dauert und ist vermutlich nie ganz abgeschlossen. Das liegt auch daran, dass jede Kita unterschiedlich ist und jedes Team für sich herausfinden muss, was möglich ist und was nicht. Auch Personalwechsel tragen dazu bei, dass manche Dinge immer wieder neu besprochen und reflektiert werden müssen.

Aber nicht nur der Rahmen der pädagogischen Arbeit muss immer wieder neu gesteckt und erweitert werden. Für viele Fachkräfte bedeutet dieser Prozess auch eine Veränderung des Selbstverständnisses der eigenen Professionalität. War bisher gefragt, zu urteilen, mit dem erwachsenen Kopf Lösungen vorzugeben, Angebote genau zu planen und vorher zu entscheiden, was wann und von wem gemacht wird, müssen sich einige nun von manchen dieser Vorstellungen verabschieden. Denn diese Handlungsweisen stehen echter Partizipation im Weg (vgl. Schubert-Suffrian & Regner 2021, S. 92).

Aus dem Dialog entstehen dann Ideen für die Weiterarbeit und die weitere Entwicklung von Partizipation, die gesammelt und sortiert werden: An welchen Stellen möchte das Team weiterarbeiten? Mit was wird begonnen? Es steht außer Frage, dass nicht jedes Mal oder für jede Situation alles neu erdacht werden muss. Der Austausch mit Fachkräften aus anderen Einrichtungen oder Erfahrungen, die die Teammitglieder selbst bereits in anderen Kitas gemacht haben, können dazu beitragen, dass Ideen entwickelt und umgesetzt werden. Gleichzeitig kann auch nicht alles eins zu eins übertragen werden, und es gilt, neue Wege zur Umsetzung zu finden. Dabei müssen Teams auch Entscheidungen darüber treffen, wie weiter vorgegangen werden soll und was umgesetzt wird.

Das systemische Konsensieren

Da eine Abstimmung nicht immer möglich ist (siehe unser Beispiel), können auch andere Methoden genutzt werden. Schwarzer und Heller empfehlen hier das systemische Konsensieren (vgl. ebd. 2021, S. 9f.). Mit dieser Methode werden die drei Vorschläge, die es im Team zum Umgang mit der Matschhose gab, nebeneinander gestellt. Alle Teammitglieder entscheiden nun individuell, wie viel Zustimmung oder Widerstand sie dem jeweiligen Vorschlag entgegenbringen und vergeben einen Wert dafür, den sogenannten Widerstandswert. Dieser Wert ermöglicht es allen, ihre Ängste, Sorgen, Einwände und sonstigen Gedanken zum Ausdruck zu bringen.

Mit dem Vorschlag, der in der Summe am wenigsten Widerstandspunkte erhält, wird zunächst weitergearbeitet, da er einem Konsens am Nächsten kommt. Nun werden die Bedürfnisse der Fachkräfte angehört, deren Widerstandswerte für diesen Vorschlag besonders hoch waren, und für alle sichtbar aufgeschrieben.

Folgende Reflexionsfragen können hier gestellt werden:

- Was wäre für dich hilfreich, um mit dem Vorschlag mitgehen zu können?
- Was müsste passieren, damit dein Widerstandswert sinkt?

Nun ist das Team gefragt, sich zu überlegen, wie man den Vorschlag umsetzen könnte und gleichzeitig die Bedürfnisse der Fachkraft mit dem hohen Widerstandswert berücksichtigt. Im Dialog kann sich herausstellen, dass es manchmal nur eine Kleinigkeit ist, die der Fachkraft die Zustimmung leichter macht. Angenommen, der Vorschlag mit dem niedrigsten Widerstandswert insgesamt wäre, die Kinder selbst entscheiden zu lassen, ob sie eine Matschhose anziehen oder nicht. Dann hätte Hannah vermutlich einen hohen Widerstandswert.

- Was sind Hannahs Bedürfnisse?
- Was müsste nun passieren, damit ihr Widerstandswert sinkt?
- Was wäre hilfreich für Hannah? Was würde Hannah sagen?

Vielleicht will Hannah nur, dass grundsätzlich darauf geachtet wird, dass die Kinder nicht frieren, und kann eigentlich gut mit der Idee mitgehen, die Kinder selbst zu fragen. Dann müsste das Team sich eine passende Möglichkeit überlegen, wie das überprüft werden kann. Vielleicht hat Hannah auch die Sorge, dass endlos mit allen Kindern diskutiert werden muss und es insbesondere schwierig wird, wenn nicht genügend Personal anwesend ist. Auch hier können Absprachen getroffen werden, wie in diesem Fall vorgegangen wird.

Die Lösung kann nie sein, die Teilhabemöglichkeiten der Kinder einzuschränken.

Im nächsten Schritt wird eine Art Probezeit im Team vereinbart, um die neu getroffenen Absprachen auszuprobieren. In dieser Phase sollen die neuen Absprachen zu Routinen werden. Daher muss die Phase lang genug sein. Zu Beginn der Probezeit wird ein Termin vereinbart, zu dem das Team später reflektiert, was bereits gut klappt und beibehalten werden soll und wo noch einmal nachjustiert werden muss. Dabei geht es jedoch nicht darum, die Teilhabemöglichkeit der Kinder wieder einzuschränken, sondern bei Bedarf nach einer neuen Lösung zu suchen (vgl. Schwarzer & Heller 2021, S. 9f.).

Podcast Fea‘s naive Welt (Folge 103):
Was, wenn es nicht klappt?

https://feasnaivewelt.podigee.io/104-was-wenn-es-nicht-klappt

6 „Irgendwann muss auch mal gut sein!“ Grenzen der Partizipation

Die Frage, wo Partizipation ihre Grenzen hat, beschäftigt Fachkräfte und Eltern. Doch die Frage ist vielleicht gar nicht, wo Partizipation aufhört und enden muss, sondern wo sie uns hinführen soll. Das Ziel von Partizipation ist ein Mensch, der gelernt hat, selbstständig und unabhängig von anderen zu handeln. Dafür nutzt er die Erfahrungen, die er gemacht hat, die Kompetenzen, die er gelernt hat, und seinen Verstand in einer Weise, die sozial und gesellschaftlich verantwortlich ist. Dieser Zustand wird von Hansen et al. (2015, S. 84) als Mündigkeit bezeichnet. So gesehen, kann dieses Ziel nicht von außen durch Eltern oder pädagogische Fachkräfte erreicht werden, sondern muss vom Kind aus geschehen.

> Menschen werden nicht autonom, indem sie Befehle erhalten und ausführen, sondern indem sie selbst tätig sind.

„Anders gesagt: Pädagogik will Kindern Subjekt-Werdung ermöglichen, kann das aber nicht tun, indem sie die Kinder zu Objekten ihrer pädagogischen Anstrengung macht“ (ebd.).

Das Beispiel

Kim (4 Jahre) möchte bei der Zubereitung des gemeinsamen Frühstücks helfen. Fachkraft Darina gibt Kim ein Buttermesser und sagt: „Damit kannst du die Bananen schneiden!“ Aber Kim ist nicht einverstanden: „Nein, ich möchte das andere Messer!“ Das Kind zeigt auf ein scharfes Küchenmesser. „Das kann ich dir nicht geben. Das ist ein sehr scharfes Messer und du könntest dich verletzen“, entgegnet Darina.

Was ist hier passiert?

Darina empfindet Kim als zu jung, um mit dem scharfen Küchenmesser umgehen zu können. Ganz selbstverständlich hat sie Kim eines der Buttermesser gegeben und erwartet, dass dadurch das Bedürfnis des Kindes nach Selbstwirksamkeit erfüllt wird. Als Kim Widerspruch einlegt, bleibt Darina bei ihrer Meinung. Sie möchte nicht, dass Kim sich selbst oder andere verletzt, und kann vielleicht in diesem Moment auch nicht konzentriert an der Seite des Kindes stehen, um eingreifen zu können. Dadurch wird Kims Bestreben nach Autonomie für den Moment stark eingeschränkt.

Die Botschaft „Dafür bist du noch zu klein" steht unausgesprochen im Raum. Das Kind lernt in dieser Situation, dass es nicht gehört und nicht als Individuum wahrgenommen wird.

Vielleicht konnte Kim ja schon gemeinsam mit einer anderen Fachkraft oder auch zu Hause Erfahrungen im Schneiden mit dem Küchenmesser sammeln. Das kann Darina aber nur wissen, wenn sie im Austausch mit den anderen Fachkräften oder dem Elternhaus steht oder Kim das Messer gibt. Es ist auch nicht auszuschließen, dass Darina Kim aus einem anderen Kontext innerhalb der Kita kennt und es deshalb für ausgeschlossen hält, dass der Umgang mit dem Messer gelingen könnte.

> Den Erwachsenen ihr Bedürfnis nach Sicherheit zu erfüllen, indem die Selbstbestimmungsmöglichkeiten der Kinder eingeschränkt werden, ist eine diskriminierende Handlungsweise.

Immer wieder kommt es in Kindertageseinrichtungen vor, dass ein Kind zum Beispiel auf ein Gerüst im Garten klettert, auf einen Stuhl steigt oder auch etwas mit der Schere schneiden will und einzelne Fachkräfte diese Vorhaben für zu gefährlich halten. Da die Fachkräfte die Verantwortung tragen, möchten Teams oft klare Regeln für diese Situationen – zum Beispiel: scharfe Messer erst ab fünf Jahren, auf das Klettergerüst erst ab drei Jahren. Diese Vorgaben werden aber den meisten Kindern nicht gerecht und beruhen auch nicht immer auf einer realen Gefährdung, sondern sind den Ängsten der Fachkräfte geschuldet.

Kategorien der Diskriminierung

Es können vier Kategorien in der Diskriminierung von Kindern unterschieden werden:

1. **Maßnahmen gegen und Strafen für Verhaltensweisen, die bei Erwachsenen als normal gelten oder zumindest geduldet werden.**
2. **Maßnahmen, die mit der Schutzbedürftigkeit der Kinder begründet werden, aber letztlich nur dazu führen, ihre Handlungsoptionen und damit ihre Rechte einzuschränken.**
3. **Beschränkter Zugang zu Gütern, Rechten, Einrichtungen und Dienstleistungen im Vergleich zu Erwachsenen.**
4. **Die Altersgruppe der Kinder wird nicht beachtet, wenn es um politische Entscheidungen geht, obwohl diese Entscheidungen auf das Leben der Kinder Auswirkungen haben.**

(vgl. Liebel 2020, S. 29)

Was könnte Darina stattdessen tun?

Anstatt auf ein erstes Ansehen hin zu urteilen, was ein Kind alles nicht kann und noch lernen muss, wäre es besser, ihm die grundsätzliche Fähigkeit zur Selbstbestimmung und Eigenverantwortung zuzuschreiben. Eine fragende Haltung und die Suche nach weiteren Möglichkeiten zur Selbstbestimmung ergeben sich daraus als Konsequenz. Dazu gehört es auch, die Kinder gut zu beobachten und zu erkennen, was sie bereits können. Darina könnte also Kim das Messer geben, den Umgang damit weiter beobachten und grundsätzlich davon ausgehen, dass es ihre Aufgabe ist, diese Erfahrung zu ermöglichen.

Wenn sich Darina dabei unsicher fühlt, könnte sie eine Kollegin oder einen Kollegen bitten, sie zu unterstützen oder die Situation zu übernehmen. Dieses Verhalten zeugt von pädagogischer Professionalität, weil es beinhaltet, dass eine Fachkraft sich selbst reflektiert und gleichzeitig ihren Auftrag der Partizipation erfüllen möchte. In den meisten Teams gibt es unterschiedliche Stufen des „Aushalten-Könnens“, und es ist gut, über diese individuellen Grenzen im Bilde zu sein, um sich gegenseitig helfen zu können und im Anschluss die Situation zu reflektieren.

> Die eigenen Grenzen und die der Kolleg:innen zu kennen, macht pädagogische Professionalität aus.

Außerdem muss es für die Kinder die Möglichkeit geben, sich über durch Fachkräfte getroffene Entscheidungen zu beschweren (siehe Seite 53ff.). Nicht immer wird dadurch die Entscheidung rückgängig gemacht werden können, aber die Möglichkeit der Beschwerde kann dem Machtgefälle (siehe Seite 9f.) entgegenwirken und bietet Chancen zu weiterer Teilhabe und gemeinsamer Lösungsfindung. Auch das fördert die Mündigkeit der Kinder, die sich nur entwickeln kann, wenn auch konstruktive Diskussionen entstehen und unterschiedliche Interessen anerkannt werden (vgl. Hansen et al. 2015, S. 87).

Überforderung durch Partizipation?

Sind Kinder von Partizipation überfordert? Mit dieser Frage beschäftigt sich die Mehrzahl aller pädagogischen Fachkräfte irgendwann während des Prozesses. Entscheidungen treffen, Verantwortung tragen, sich immer wieder neu eindenken – ist das nicht zu viel für Kinder? Oder zumindest für Kinder in einem bestimmten Alter?

> Pädagogische Fachkräfte haben die Verantwortung, den Kindern bewältigbare Aufgaben zu stellen.

Grundsätzlich steht fest: Wir muten Kindern etwas zu, indem wir sie miteinbeziehen in Dinge, die sie zunächst auch überfordern können. Pädagogische Fachkräfte müssen sehr genau hinschauen und werden darauf achten, dass die Fragen, die sie den Kindern stellen, zu bewältigen sind. Die Aufgaben dürfen anstrengend sein, sie dürfen herausfordern und gleichzeitig sollten sie machbar sein. Diese Art von Aufgaben stellen sich auch Kinder selbst in ihrem individuellen Lernprozess. Eine Herausforderung im pädagogischen Alltag besteht dann darin, die Kinder dabei zu begleiten und gleichzeitig die Verantwortung für die entstehenden Situationen zu tragen.

Exkurs: Müdigkeit und Partizipation in der Krippe

Im Krippenalltag gibt es Situationen, in denen ein Kind aus Müdigkeit nicht mehr entscheiden kann. Es ist dann in Ordnung, für das Kind eine Entscheidung zu treffen, solange die Haltung der Fachkraft zu Partizipation (siehe Seite 7) sich nicht ändert. Nicht aus machtvollem „Besserwissen“ heraus, sondern mithilfe von zugewandter Beobachtung trifft sie die Entscheidung für das Kind. Ein müdes Kind aufgrund falsch verstandener Partizipationsgedanken immer wieder zu fragen, ob es ins Bett möchte oder nicht, ob es dieses oder jenes T-Shirt zum Schlafen anziehen möchte etc. kann zu Überforderung führen. Eine pädagogische Fachkraft, die das erkennt und dann ruhig und bestimmt die Führung übernimmt, sich nicht vom Kind provoziert fühlt, weil es sich gestern doch auch entscheiden konnte und heute plötzlich nicht mehr „will“, handelt immer noch partizipativ. Sie übernimmt die Verantwortung für die Situation und gibt dem Kind die Sicherheit, die es dann braucht.

7 „Ich mag den Morgenkreis nicht!" Beschwerdemanagement für Kinder

Ein Beschwerdemanagement sichert die Rechte der Kinder. Durch Beschwerden können die Kinder äußern, wenn etwas nicht gut läuft. Dabei können sowohl Beschwerden der Kinder untereinander als auch die der Kinder gegenüber den Fachkräften Gegenstand einer neuen Gesprächskultur werden (vgl. Schubert- Suffrian & Regner, 2021, S. 124).

Das Beispiel

Anni, 18 Monate alt, steht weinend im Flur der Kinderkrippe Sonnenschein. Alle Fachkräfte sind in den Funktionsräumen, die 35 Kinder auf die ganze Kita verteilt. Erzieherin Jennifer ist neu in der Krippe und hört Anni weinen. Sie geht auf sie zu. „Anni, du musst ja so weinen. Irgendetwas ist wohl passiert. Möchtest du zu mir auf den Arm kommen?" Anni streckt die Arme aus und lässt sich hochnehmen.
In diesem Moment kommt Erzieherin Luisa vorbei und sagt: „Setz sie wieder ab, wir nehmen hier keine Kinder hoch. Wenn wir das einmal anfangen, müssen wir es für alle machen. Anni weint öfter, sie ist einfach nur zickig. Sie muss sich daran gewöhnen, dass nicht immer jemand kommt, wenn sie weint!" Im weiteren Gespräch erfährt Jennifer von ihrer Kollegin, dass Anni erst seit rund zwei Monaten die Einrichtung besucht und direkt nach der vierwöchigen Eingewöhnung im Urlaub war. Heute ist sie den ersten Tag wieder zurück.

Was ist hier passiert?

Anni findet sich in der offenen Krippe noch nicht allein zurecht. Vielleicht war sie in einem Raum und wollte woanders hin? Allerdings kennt sie die Wege noch nicht gut und findet sich plötzlich allein auf dem Flur wieder. Zusätzlich ist der erste Tag nach dem Urlaub, der so kurz nach der Eingewöhnung auch etwas ungünstig geplant war, stressvoll für Anni. Alles ist anders als es die letzten Wochen war. Anni braucht jemanden, um ihren Stress zu regulieren, ihre Gefühle zu benennen. Sie ist in Not und braucht Hilfe.

Jennifer hört Anni und reagiert. Partizipation ist mehr als das bloße „Entscheiden-können". Ein Kleinkind, das weinend im Flur steht, bringt gerade eine Beschwerde vor. Partizipation bedeutet auch, diese Beschwerde ernst zu nehmen.

Beschwerden als Schutz

!

Eine Beschwerde ist die Äußerung über einen Umstand, der zu Unzufriedenheit führt. Sie wird an eine höhere Stelle gerichtet und hat das Ziel, die Ursache für die Beschwerde zu beseitigen oder entschädigt zu werden (vgl. Stauss & Seidel 2023, S. 18f.). Dass Kinder Beschwerden äußern können und gehört werden, ist eine Voraussetzung für gelingenden Kinderschutz: Indem sich Kinder für ihre Rechte einsetzen, ihre Grenzen aufzeigen und Selbstwirksamkeit spüren, sind sie besser vor Gefährdungen geschützt.

Kinder zeigen im Alltag, was sie stört. Manchmal sehr deutlich, manchmal weniger. Dass Kinder ein Recht haben, Beschwerden zu äußern, damit gehört zu werden, und dass sich jemand um die Beschwerde kümmert, ist gesetzlich geregelt. Seit 2012 ist dieses Recht auch für Kindertageseinrichtungen festgeschrieben (vgl. Arbeitsgemeinschaft für Kinder- und Jugendhilfe/Bundesarbeitsgemeinschaft Landesjugendämter 2012, S. 35). Die Möglichkeit, sich zu beschweren wird dabei als „wichtiger Prüfstein für die Einlösung der Beteiligungsrechte" verstanden (vgl. ebd.)

Anni zeigt darüber hinaus ganz klar das Bedürfnis nach Zuwendung und Nähe, also nach Bindung. Das Kind mit seinem Bedürfnis zu sehen und darauf einzugehen ist ein wichtiger Schritt, um ihm zu zeigen, dass es wirklich etwas zu sagen hat und gehört wird. Indem Jennifer auf Annis Bedürfnis eingeht, schafft sie die Voraussetzung dafür, dass das Mädchen sich gesehen und gehört fühlt, und reduziert zusätzlich Stress durch körperliche Nähe und feinfühliges Handeln (vgl. Wedewardt & Hohmann 2021, S. 23). Auch in anderen Situationen des Alltags unterstützt diese zugewandte und feinfühlige Art des Umgangs die Gestaltung der Beziehung zwischen Kind und Fachkraft und damit auch das kindliche Verständnis für die eigene Selbstwirksamkeit.

Bedürfnisorientiertes Arbeiten unterstützt Partizipation

Man könnte auch sagen: Bedürfnisorientiertes Arbeiten unterstützt Partizipation durch die Bereitschaft zum Dialog mit dem Kind. Bedürfnisorientierte Pädagogik und Partizipation ergänzen sich und werden durch die Haltung der Fachkraft nach außen getragen. Das trägt dazu bei, dass Adultismus und damit einhergehende Handlungsmuster weniger werden. Partizipation und die Orientierung an den Bedürfnissen lassen kaum noch Raum für adultistisches Vorgehen.

Für Erzieherin Luisa dagegen ist in diesem Moment allein wichtig, dass kein Kind benachteiligt wird. Hier scheint ein alter Glaubenssatz auf: Es könnte passieren, dass alle Kinder gleichzeitig das gleiche Bedürfnis nach Nähe zeigen und dass die Fachkräfte dieses Bedürfnis dann nicht für alle gleichzeitig erfüllen können. So gesehen ist Luisas Aussage verständlich, und gleichzeitig entbehrt sie jeglichen Empathiegefühls. Selten haben mehrere Kinder zur gleichen Zeit das gleiche Bedürfnis und es macht wenig Sinn, diese Nähe dann dem einen Kind zu verwehren, das das Be-

Kinder haben das Recht, gehört und gesehen zu werden.

dürfnis ausdrückt. Anders gesagt: Dieses eine Kind hat eine Beschwerde und bringt sie vor. Im Sinne von Partizipation hat es das Recht, gehört und gesehen zu werden.

Grenzen achten

Ein Kind, dessen „Nein" akzeptiert wird, macht die Erfahrung, dass seine Grenzen erkannt und geachtet werden. Es versteht, dass es in Ordnung ist, eigene Grenzen aufzuzeigen und sich zu wehren – auch engen Bezugspersonen gegenüber. Dies ist aktiver Kinderschutz und ein Teil des Beschwerdemanagements für Kinder. Ein Kind, das sich wehrt und seine Grenzen verteidigt, beschwert sich.

Was könnten Jennifer und Luisa stattdessen tun?

Jennifer hat aus partizipativer Sicht richtig gehandelt. Sie hat sich dem Kind angenommen und ist auch im Anschluss an die Situation mit ihrer Kollegin Luisa ins Gespräch gegangen, um noch mehr über Anni und den Hintergrund ihres Weinens zu erfahren.

Jennifer ist neu in dieser Kita. Sie scheint andere pädagogische Sichtweisen zu vertreten als Luisa. Gerade Fragen der Partizipation können kleinere und größere Konflikte unter den Kolleg:innen verursachen. In einem nächsten Schritt kann diese Meinungsverschiedenheit innerhalb der Vor- und Nachbereitungszeit geklärt werden, dazu hat Jennifer bereits den Anfang gemacht. Jennifer kann Luisa ihre Beweggründe für ihr Handeln schildern, und auch Luisa kann benennen, was sie darüber denkt und wie sie die Situation insgesamt gesehen hat.

Ohne Zweifel hätte Luisa in dieser Situation anders reagieren können. Offenkundig hätte sie Anni nicht hochgenommen, und aufgrund ihrer Aussage ist auch nicht zu erwarten, dass sie annähernd feinfühlig auf das Weinen reagiert hätte. Vielleicht hätte sie Anni zumindest geholfen, an ihrer Hand ihre Bezugsperson in der Krippe zu finden. Das wäre immerhin ein Anfang gewesen.

> Kindern Nähe zu verweigern, ist seelische Gewalt.

Luisa scheint nicht bewusst zu sein, was angemessene Reaktionen in der Arbeit mit jungen Kindern in der Krippe sind. Dazu kommt: In der Praxis werden Fachkräfte immer wieder von Kolleg:innen dazu aufgefordert, Kleinkinder nicht hochzunehmen, sie nicht zu trösten, sie stehenzulassen. Doch: Dabei handelt es sich um seelische Gewalt und verstößt eindeutig gegen die Kinderrechte.

Es ist nun also an Luisa, mit Jennifer zu sprechen und zu hören, wie sie die Situation erlebt hat und ihr eigenes Verhalten zu reflektieren. Geholfen hätte in dieser Situation ein möglichst ähnliches Verständnis von Partizipation und Bedürfnisorientierung der beiden Fachkräfte, aber auch ein allen bekanntes Beschwerdeverfahren für die Kinder. Auch Fortbildungen zu diesen Themen und verbindliche Kinderschutzkonzepte tragen dazu bei, die Qualität pädagogischer Arbeit zu erhöhen. Denn die seelische Vernachlässigung, die hier passiert, ist den Fachkräften oft nicht bewusst und wird nicht als fachliches Fehlverhalten wahrgenommen.

Podcast Fea's naive Welt (Folge 102):
Adultismus, Partizipation, Bedürfnisorientierung

https://feasnaivewelt.podigee.io/103-neue-episode

Recht auf gewaltfreie Erziehung

Laut § 1631 Absatz 2 BGB haben Kinder das Recht auf gewaltfreie Erziehung. Körperliche Bestrafungen, seelische Verletzungen und generell entwürdigende Maßnahmen sind nicht zulässig. Seelische Verletzungen wiegen im Erleben genauso schwer wie körperliche und passieren sehr schnell und auch unbeabsichtigt. Zur seelischen Gewalt zählen beschämen, demütigen, ausgrenzen, isolieren, diskriminieren, abwerten, aber auch überbehüten, ständiges Vergleichen mit anderen Kindern, Angst machen, anschreien und beleidigen. Seelische Vernachlässigung ist es zum Beispiel, Trost oder einen verbalen Dialog zu verweigern oder das Kind zu ignorieren (vgl. Maywald 2019, S. 12).

Ähnlich wie sich die Fachkräfte im Team über Selbstbestimmungs-, Mitbestimmungs- und Mithandlungsrechte (siehe Kapitel 4) einigen müssen, haben sie auch die Aufgabe, gemeinsam zu klären und festzulegen, was sie unter einer Beschwerde verstehen, wie darauf reagiert wird und wie Kinder sich überhaupt beschweren können. Genau wie die Kinder über ihre Rechte informiert werden müssen, ist es auch notwendig, ihnen ihre Möglichkeit zu Beschwerden aufzuzeigen.

Kinder sind Kund:innen. Sie können aber nicht einfach gehen, wenn es ihnen in der Kita nicht mehr gefällt. Kindern ist es oft nicht bewusst, dass sie gerade eine Beschwerde äußern. Und auch den Fachkräften ist nicht immer klar, dass eine Beschwerde vorgebracht wurde. Eine Beschwerde zeigt sich im Verhalten der Kinder oder auch in Aussagen wie zum Beispiel: „Niemand will mit mir spielen!“ Sie drücken damit aus, dass sie sich gerade in der Situation nicht wohlfühlen, dass etwas zu lange dauert oder sie sich die Nähe einer Bezugsperson wünschen. Auch schlagen, treten, beißen, spucken oder Rückzug sind Beschwerden, die das Kind nonverbal äußert. Erst im Dialog können Fachkräfte die Hintergründe der Beschwerde erfahren und die Ursache beheben. Oft geht es Kindern gar nicht um eine Entschädigung, sondern darum, gesehen und gehört zu werden. Sie wollen spüren: Da hat mich jemand verstanden.

> Eine Beschwerde der Kinder basiert auf einem Unwohlsein oder einer Unzufriedenheit, die auf ganz verschiedene Arten geäußert werden kann. Immer ist dabei das Kind in Not und darauf angewiesen, wahrgenommen zu werden.

Beschwerden von Kindern ernst nehmen

Es gibt zunächst keinen formalen Rahmen für eine Beschwerde, wie man beim Begriff „Beschwerdemanagement" denken könnte. Es geht vielmehr darum, genau zu beobachten und zu übersetzen, was das Kind gerade zeigt, und eine Rückmeldung zu geben, dass man die Beschwerde verstanden hat und ihr nachgehen wird.

Beschwerdeformen

- **Verhinderungsbeschwerde:** „Halt, hör auf damit!" oder auch eine Stopp-Geste. Das Kind weist eine andere Person darauf hin, dass eine Grenze erreicht wurde und nicht überschritten werden darf.
- **Ermöglichungsbeschwerde:** „Wir können nie lange mit den Puppen spielen" oder „Ich mag den Morgenkreis nicht". Sie gehen über das Stopp-Signal hinaus, denn eine Situation soll verändert werden. Diese Form der Beschwerde kann sachbezogen sein oder personenbezogen und offenbart oft im Dialog, was das Kind damit äußern möchte und was das Bedürfnis des Kindes ist. Unter die Ermöglichungsbeschwerden fallen Beschwerden über das Verhalten anderer Kinder und Kindergruppen, das Verhalten von Erwachsenen, das Materialangebot, die Strukturen der Kita, die Raumgestaltung, die Regeln.

(vgl. Regner & Schubert-Suffrian 2014, S. 7ff.).

Besonders in der Arbeit mit Kleinkindern und für schüchterne Kinder oder Kinder, die sich verbal nicht gut ausdrücken können, ist es von hohem Wert, wenn Fachkräfte Beschwerden erkennen, wahrnehmen und darauf reagieren.

Fakten über Beschwerden

- **Nonverbale Beschwerden haben genauso viel Gewicht wie verbal geäußerte.**
- **Hinter jeder Beschwerde steckt ein unerfülltes Bedürfnis.**
- **Die dialogische Haltung der Fachkräfte ist auch beim Erkennen von Beschwerden hilfreich.**

Kinder, die lernen, sich zu beschweren, entwickeln ein Bewusstsein für sich selbst und ihre Bedürfnisse. Gleichzeitig können sie je nach individueller Entwicklung auch immer besser die anderen Sichtweisen wahrnehmen und Lösungen finden.

Für die pädagogischen Fachkräfte ist der bewusste Umgang mit Beschwerden von Kindern eine gute Möglichkeit, Unterschiede wahrzunehmen und Benachteiligung zu verhindern.

Beschwerdeverfahren und die Bereitschaft der Fachkräfte, Beschwerden wahrzunehmen, sind damit eine direkte Ergänzung der Selbstbildungsprozesse und der individuellen Persönlichkeitsentwicklung von Kindern.

Konkrete Schritte zur Erarbeitung eines Beschwerdeverfahrens

Um ein Beschwerdeverfahren zu erarbeiten und umzusetzen, muss ein Team zunächst eine positive Einstellung gegenüber Beschwerden entwickeln und sich darüber klar werden, was als Beschwerde anzusehen ist. Das Wissen darum, dass Beschwerden sowie ihre Bearbeitung und Anerkennung auch zur Entwicklung der Qualität beitragen, kann Fachkräften helfen, Beschwerden als etwas Gutes zu werten.

Es braucht außerdem klare Strukturen für die Fachkräfte, um die Beschwerden der Kinder annehmen zu können und dann pädagogisch zu handeln. Dazu gehören Vor- und Nachbereitungszeit für das gesamte Team und Kleinteams, in denen sich die Teammitglieder austauschen und über Lösungen einigen können. Hier muss immer wieder ein Konsens gefunden werden, wie die Fachkräfte mit einzelnen Themen umgehen wollen.

Die Kinder lernen nach und nach, was Beschwerdemanagement in der Praxis bedeutet.

Im Anschluss an die Strukturierung des Umgangs mit Beschwerden im Team werden die Kinder mit einbezogen. Sie wissen zu diesem Zeitpunkt noch nichts vom Beschwerdeverfahren und können sich wohl auch nichts darunter vorstellen. Es empfiehlt sich, konkrete Beschwerden der Kinder aufzugreifen und zu besprechen, damit die Kinder mit der Zeit verstehen, um was es geht. Es ist auch möglich und vielleicht hilfreich, den Kindern die Möglichkeit zu geben, ihre Beschwerden zu visualisieren und an einer bestimmten Stelle in der Kita aufzuhängen oder aufzustellen.

Ein einmal eingeführtes Beschwerdeverfahren ist allerdings kein starres Regelwerk, sondern ein Prozess und muss immer wieder überdacht und nachjustiert werden. Auch hierfür muss das Team Zeit in Dienstbesprechungen oder an Teamtagen einplanen (vgl. Schubert-Suffrian & Regner 2021, S. 126f.).

Wichtige Punkte für ein Beschwerdeverfahren

- **Verbindlichkeit und Verlässlichkeit:** Die erarbeiteten Lösungen werden im Alltag umgesetzt.
- **Transparenz & Nachvollziehbarkeit:** Die Kinder verstehen die Prozesse.
- **Information:** Wenn das Team etwas abklären muss, bevor es eine Lösung gibt, werden die Kinder darüber informiert.
- **Beschwerden einreichen:** Kinder müssen ohne Hilfe von Erwachsenen Beschwerden äußern können. Die verschiedenen Arten der Beschwerdeäußerung werden von den Fachkräften berücksichtigt.
- **Umsetzung:** Eine Bearbeitung, Umsetzung und Rückmeldung erfolgt zeitnah.

(vgl. Regner & Schubert-Suffrian 2014, S. 24).

Bei einem Beschwerdeverfahren für die Kinder geht es nicht prinzipiell um eine schnelle und individuelle Lösung, um eine schnelle Erfüllung von Bedürfnissen wie im genannten Beispiel. Es kann sein, dass eine Lösung erarbeitet werden und dann für alle transparent gemacht werden muss. Im Beispiel ist das Weinen des Kindes als die Beschwerde anzusehen. Jennifer und Luisa schildern diese Situation in der nächsten Teamsitzung, benennen damit die Beschwerde und machen sie sichtbar. Anschließend findet das Team gemeinsam eine konkrete Lösung, um solche Situationen zukünftig nicht mehr entstehen zu lassen.

Eine ernstgenommene Beschwerde ist der Grundstein für demokratische Bildung.

Bei anderen Beschwerden, die die Kinder verbal äußern, findet das Team eine Lösung und meldet den Kindern zurück, dass die Beschwerde bearbeitet wurde und wie die Lösung aussieht. Selbstverständlich können die Kinder die gefundene Lösung gut oder weniger gut finden. Manchmal braucht es dann eine weitere Aushandlungsrunde, auch mit den Kindern. Vor allem dann, wenn sich die

Beschwerde auf Themen der Kinder untereinander bezieht oder die Kinder direkt betrifft, sollten sie auch hier partizipieren und an der Lösung oder den zu treffenden Entscheidungen mitwirken können. Im Beispiel von Anni würde eine reine Bearbeitung unter den Fachkräften genügen, da Kinder im Kleinkindalter den Prozess noch nicht kognitiv erfassen können. Sie spüren aber die Auswirkungen, wenn das Team geklärt hat, dass kein Kind weinend stehengelassen wird.

Reflexionsfragen

- Was bedeuten für mich Beschwerden?
- Was bedeutet es für die Kinder, wenn ihre Beschwerden gehört werden?
- Welche Auswirkung hat es für das Selbstbild der Kinder, wenn es ein verlässliches Beschwerdeverfahren gibt?
- Wo und wie können wir uns über Beschwerden der Kinder austauschen und einen Konsens zum pädagogischen Handeln finden?
- Inwiefern wird unsere pädagogische Arbeit durch ein Beschwerdeverfahren aufgewertet?

Exkurs: „Muss ich die Kinder denn jetzt bei allem fragen?"

Immer dann, wenn die Kinder gefragt werden, wer sie wickeln darf, ob sie überhaupt eine frische Windel benötigen, welche Komponenten der Mahlzeit sie essen möchten und noch vieles mehr stärken Fachkräfte die Entwicklung des Selbstwertgefühls der Kinder und machen deutlich: „Du darfst nein sagen! Du hast auch das Recht, dich zu beschweren!" Allerdings nicht nur durch die Frage, sondern vor allem durch die Akzeptanz der Antwort.

Kinder, die immer wieder die Erfahrung machen, dass ihr „Nein“ genauso respektiert wird wie ihr „Ja“ und dass außerdem ihre Bedürfnisse ernst genommen werden, entwickeln Vertrauen, dass ihre Meinung wichtig ist und zählt. Das ist der Grundstein für die demokratische Bildung in Kindertageseinrichtungen und stellt sich automatisch ein, wenn die dialogische Grundhaltung den Kindern gegenüber erworben wurde.

Auch ältere Kinder können nicht immer verbal ausdrücken, was sie gerade beschäftigt. Sie äußern sich auf ganz unterschiedliche Weise, durch Rennen, Schreien, Gegenstände werfen oder auch durch Streit mit anderen Kindern. Bevor Fachkräfte versuchen, am Verhalten des Kindes etwas zu verändern, dürfen sie sich fragen, welches Bedürfnis sich das Kind gerade damit erfüllt. Die grundsätzliche Annahme, dass jedes Verhalten einen guten Grund hat, hilft dabei, das Bedürfnis herauszufinden (vgl. Cantzler 2023, S. 9f.).

Für diese Art der Reflexion braucht es kein ausgereiftes und mit allen besprochenes Beschwerdemanagement für die Kinder, sondern nur eine Fachkraft, die sich darüber bewusst ist.

Immer noch herrscht in vielen Kindertageseinrichtungen die Annahme, Kinder müssten auch „Konsequenzen“ spüren, um zu merken, dass dieses oder jenes Verhalten nun einmal nicht geht. Dabei übersehen sie, dass die „Konsequenz“, von der sie sprechen, in Wahrheit eine Strafe ist (vgl. Hohmann 2022, S. 80f.). Teammitglieder, die es anders machen, den Dialog mit dem Kind herstellen und in Beziehung zum Kind bleiben wollen, werden dann häufig als „zu weich“ und „nicht durchsetzungsfähig“ angesehen. Doch wenn Fachkräfte verstehen, dass Partizipation die Beziehung zum Kind und eine partizipative Haltung voraussetzt, lassen sich viele Situationen ohne Strafen klären.

Und um die Eingangsfrage zu beantworten: Ja, das müssen wir! Wir brauchen unbedingt das Einverständnis des Kindes zu jeglicher Handlung. Empathie, Beobachtung und Reflexion helfen dabei, auch ohne ein verbales „Nein!“ sehr genau zu merken, wenn ein Kind mit etwas nicht einverstanden ist.

8 „Die macht das doch mit Absicht!“ Wie die Empathieschleife dabei hilft, partizipativ zu handeln

Es ist für pädagogische Fachkräfte nicht immer einfach, Kinder miteinzubeziehen. Gerade dann, wenn ein Kind sich besonders stark für etwas einsetzt, wird seitens anderer Erwachsener schnell eine manipulative Absicht unterstellt.

Das Beispiel

Laura möchte morgens ihre Musik-Box in die Kita mitbringen. Ihr Vater hat sich schon gedacht, dass das im Kindergarten vielleicht nicht so gut ankommt, und hat im Vorfeld versucht, Laura zu überzeugen, die Box zu Hause zu lassen. Nun stehen beide mit der Box in der Tür des Gruppenraums, und er sagt zu Erzieherin Susanne, ob sie bitte Laura erklären kann, dass das nicht geht. Susanne geht in die Hocke und sagt freundlich: „Laura, der Papa hat recht. Die Box kann hier kaputtgehen, dann hast du sie nicht mehr. Besser, er nimmt sie wieder mit.“
Als Laura zu weinen beginnt, sagt Susanne zu Lauras Vater: „Besser Sie verabschieden sich jetzt schnell. Wenn Laura die Box nicht mehr sieht, ist sie auch bald vergessen.“ Lauras Vater sieht nicht sehr glücklich aus, vertraut aber Susanne als Fachkraft. Er verabschiedet sich und geht.
Susanne versucht, Laura zu trösten. Als ihre Kollegin Trixie dazukommt, bestärkt sie Susanne: „Laura weiß halt, wie sie den Papa um den Finger wickeln kann. Gut, dass du so konsequent warst.“

Was ist hier passiert?

Susanne sieht sich dazu aufgefordert, Laura zu sagen, dass sie die Musik-Box nicht in die Einrichtung mitnehmen kann. Sie entspricht damit dem klar geäußerten Wunsch des Vaters und vermutlich auch ihrem eigenen. Manche Fachkräfte sehen sich in der Verantwortung, in der Kita auf das mitgebrachte Spielzeug der Kinder aufzupassen. Das könnte auch hier der Fall sein.

In der Folge beginnt Laura zu weinen. Es schmerzt. Laura wird nicht wahrgenommen, ihr Bedürfnis wird nicht gesehen. Dann schickt Susanne den Vater weg und nimmt Vater und Kind in diesem Moment die Chance, noch einmal vor dem Abschied in eine gute Verbindung zu kommen. Wahrscheinlich ist diese Situation für keinen der drei Beteiligten gut, doch es scheint keine andere Lösung zu geben. Dann versucht Susanne, Laura durch den Schmerz zu begleiten. Das kann gelingen, allerdings nur, wenn spätestens jetzt ganz klar das Kind gesehen und seine Gefühle und Bedürfnisse benannt werden.

Die Befürchtung des Vaters und der Erzieherin ist für andere Erwachsene durchaus nachvollziehbar. Gleichzeitig hätte Laura jedoch gehört und ihre Rechte hätten geachtet werden müssen. Laura kann sich nicht wehren und ist darauf angewiesen, dass die Erwachsenen sich an ihre Rechte erinnern und das Kind als gleichwürdig betrachten, auch wenn vielleicht gerade die Zeit knapp ist oder andere Umstände die Situation erschweren. Laura hätte das Recht gehabt, über ihre Musik-Box selbst zu bestimmen. Sie wurde allerdings von den Erwachsenen in der Situation „überstimmt", auch wenn es keinen Aushandlungsprozess gab.

Das heißt nun nicht, dass Kinder immer alles bekommen können, was sie gerade wollen. Doch hätte ein faires Gespräch mit offenem Ausgang stattfinden müssen. Besonders, als klar wird, dass Laura gerade heute diese Box sehr wichtig zu sein scheint, hätte Susanne noch einlenken und auf die Durchsetzung ihrer Macht verzichten können. Ganz offensichtlich steckt ein wichtiges Bedürfnis hinter Lauras Wunsch.

All diese Überlegungen verfliegen jedoch spätestens als Trixie dazukommt und Susanne unterstützt, indem sie Laura unterstellt, den Vater zu manipulieren, und ihrer Kollegin zu ihrer „Konsequenz" gratuliert. Nicht zu unterschätzen ist auch die Wirkung von Trixies Worten auf Laura, die ja dabei ist und alles hört. In dieser Art und Weise über ein Kind zu sprechen ist gewaltvoll, gerade, wenn das Kind danebensteht.

Was könnte Susanne stattdessen tun?

Kinder brauchen Erwachsene, die ihnen ihre Gefühle spiegeln und ihre Bedürfnisse sichtbar machen, wahrnehmen und bei der Erfüllung unterstützen. Für den Beziehungsaufbau und -erhalt ist es entscheidend, dass Fachkräfte feinfühlig auf die Bedürfnisse der Kinder eingehen können und das eigentliche Bedürfnis auch hinter herausfordernden Verhaltensweisen erkennen.

> Das „Ja-Mantra", auch „Empathieschleife" genannt, hilft dabei, das Bedürfnis des Kindes herauszufinden und die Verbindung innerhalb der Beziehung bestehen zu lassen.

Die Empathieschleife heißt deshalb so, weil das Vorgehen sich immer in Schleifen bewegt: vom Benennen eines Gefühls oder Bedürfnisses über die Reaktion des Gegenübers zu einem weiteren Benennen.

Susanne könnte also in dieser Situation erahnen, wie wichtig die Musik- Box heute für Laura ist, da der Vater es ja schon zu Hause nicht geschafft hatte, seine Tochter umzustimmen. Anstatt also sofort auf den Appell des Vaters einzugehen, könnte Susanne in ihrer partizipativen Haltung bleiben und Laura im Sinne der Empathieschleife ansprechen und begleiten:

Die Empathieschleife

Susanne: „Guten Morgen, Laura. Schön, dass du da bist! Möchtest du heute die Musik-Box in den Kindergarten mitnehmen?"
Laura: „Ja!"
Susanne: „Hast du heute Morgen schon zu Hause damit Musik angehört?"
Laura: „Ja!"
Susanne: „Ich vermute, du warst noch nicht fertig damit und möchtest jetzt bei uns auch Musik hören mit deiner Box. Ich habe allerdings Sorge, dass sie kaputtgehen könnte. Mir wäre lieber, der Papa nimmt sie wieder mit und wir hören hier eine CD mit unserem CD-Player. Was meinst du?"
Laura: „Nein! Ich will mit der Box hören!"
Susanne: „Hm, was machen wir denn da jetzt? Du möchtest gerne die Box hierbehalten, und ich habe Sorge, dass sie kaputtgehen könnte. Wie wäre es? Wir hören jetzt zusammen ein Lied darauf an und dann stellen wir die Box ins Regal. Einverstanden?"
Laura: „Ja, das Lied mit den Gefühlen!"
Susanne: „Wow, das klingt spannend! Ich freue mich, wenn du mir das gleich vorspielst. Sagst du dem Papa noch Tschüss?"

Laura kann sich jetzt ohne Tränen verabschieden. Sie ist verstanden worden, ihre Rechte wurden gewahrt, und sie kann aus dieser Position heraus kooperieren. Susanne hat nicht darauf bestanden, dass die Box wie auch immer wieder nach Hause geht, sondern sich auf einen offenen Ausgang des Gesprächs eingelassen. Das Ganze hat nicht länger gedauert als ein weinendes Kind zu trösten, wie es in unserem Beispiel der Fall gewesen ist. Insgesamt ist es auf diese Weise allemal stressfreier für alle. Natürlich ist es möglich, dass solche Gespräche nicht immer so einfach verlaufen wie im Beispiel. Wut und Trauer können wieder hochkommen,

je nach Situation. Aber auch hier wurde Lauras Bedürfnis zuerst nicht klar erkannt und dennoch eine gute Lösung gefunden.
An diesem Beispiel ist zu erkennen, wie Partizipation und bedürfnisorientierte Pädagogik zusammenwirken und sich ergänzen.

Es hat nichts mit Konsequenz zu tun, wenn Fachkräfte unbedingt den eigenen Willen durchsetzen wollen, auch wenn es oft als solche bezeichnet wird.

Exkurs: Was ist eine Konsequenz?

Der Ruf nach einer Konsequenz wird immer dann laut, wenn Kinder ein Verhalten zeigen oder eine Handlung ausführen, die in den Augen der Fachkräfte eine Folge haben muss. Für die Fachkräfte sind das logische Konsequenzen, und sie übersehen dabei, dass es sich eigentlich um Strafen handelt. Eine Konsequenz ist etwas, das sowieso passiert wäre. Es muss nicht von außen durch einen anderen Menschen „dazugetan“ werden. Nach einem Sprung in eine Pfütze können die Socken nass sein, wenn man Sandalen anhat. Das ist eine Konsequenz. Eine Strafe wäre, mit dem Kind zu schimpfen und deutlich zu machen, dass es beim nächsten Mal nicht mit zum Spaziergang darf, wenn es nicht die Gummistiefel anzieht. Bereits das Androhen einer Strafe ist gewaltvoll und zeigt sich auch oft in „Wenn-dann-Sätzen“. Drohungen und Strafen haben nichts mit Konsequenz zu tun, sondern sind eine Demonstration von Macht gegen über dem Kind. Die Integrität des Kindes wird verletzt, seine Bedürfnisse werden nicht ernst genommen (vgl. Hohmann 2022, S. 79).

9 „Kuss und Schluss!“ Ankommen am Morgen

Wie wir einen Tag beginnen, entscheidet häufig darüber, wie er weiter verläuft. Manchen Menschen hilft es, eine tägliche Routine zu haben, um gut in den Tag zu starten. Andere brauchen das nicht oder gestalten ihren Morgen etwas flexibler. Auch Aufstehen, Anziehen, Losgehen und am Arbeitsplatz ankommen kann eine Routine sein. Es ist nachvollziehbar, dass der Start in den Tag leichter fällt, wenn wir wissen, was uns am Arbeitsplatz erwartet und zudem der Morgen zu Hause harmonisch verlief.

Nun ist es so, dass die Kinder in der Kita ankommen, ohne dass die Fachkräfte wissen, wie ihr Tagesstart war. Manchmal reicht ein kurzes Tür-und-Angelgespräch, um einen Einblick zu bekommen, doch häufig fehlt die Zeit. Gerade wenn Kinder beim Ankommen morgens weinen, herrscht unter Fachkräften noch die Überzeugung, es wäre besser, den Abschied nicht unnötig in die Länge zu ziehen. Auch bei Trennungen innerhalb von Eingewöhnungen wird auf kurze Abschiede gesetzt. Es gibt Situationen, in denen dieses Vorgehen befürwortet werden kann. Gleichzeitig ist aber immer das jeweilige Kind mit seiner Familie, seinen Bedürfnissen und seinen Rechten vorrangig zu sehen.

Das Beispiel

Erzieherin Maren hat heute den Frühdienst vertretungsweise übernommen. Thorben wird von seiner Mutter gebracht, und Maren hört, wie er in der Garderobe sagt, dass er nicht hierbleiben möchte. Maren macht sich innerlich bereit, ein weinendes Kind zu übernehmen, das sie nicht einmal besonders gut kennt. Thorben will nicht zur Tür in den Gruppenraum laufen. Seine Mutter nimmt ihn auf den Arm und redet beruhigend auf ihn ein.

Maren setzt ein Lächeln auf. „Guten Morgen! Hallo Thorben, komm, ich nehme dich mal. Dann kann die Mama zur Arbeit und wir spielen hier!“ Sie streckt die Arme aus, Thorbens Mutter gibt ihr das Kind. Maren spürt, wie Thorben sich versteift und an seiner Mutter festklammert. Schnell schaut Maren zu ihr: „Sie wissen ja, gleich ist es vorbei. Sie werden nicht mal zur Tür raus sein, da hat er sich schon beruhigt und spielt. Wir dürfen das hier jetzt nur nicht in die Länge ziehen, er weiß ja, dass der Abschied kommt. Das macht es nur schlimmer.“ Thorbens Mutter löst die Hände ihres Kindes, gibt ihm einen Kuss und geht schnell hinaus.

Was ist hier passiert?

Maren hält sich an das, was sie weiß und womit sie bisher gute Erfahrungen gemacht hat. Vermutlich hat sie von Kolleg:innen gehört, dass es nur schlimmer wird, je länger sich der Moment des Abschieds hinzieht. Oder sie ist selbst dieser Ansicht. Maren versucht also, so nett und gleichzeitig so bestimmt wie möglich Mutter und Kind durch die Situation zu lotsen und Sicherheit zu vermitteln. Dabei wird Thorben nicht in die Situation mit einbezogen. Er wird zwar begrüßt und nicht alleingelassen, doch so wirklich gesehen wird er nicht. Für Fachkraft und Mutter ist klar, dass der Junge jetzt hier durch muss, auch wenn es nicht schön ist. Sie scheinen sich auch über das Vorgehen einig zu sein und sind dabei unbewusst und unbeabsichtigt übergriffig und grenzverletzend.

Natürlich steht außer Frage, dass Thorben in die Kita gebracht wird und dort bleibt. Darüber kann er nicht mitbestimmen. Doch das „Wie“ ist entscheidend. Auch der Kontext sollte klar sein. Maren weiß in diesem Moment nicht, wie Thorbens gestriger Tag war, ob es am Morgen zu Hause eine schwierige Situation gab, ob die Mutter vielleicht einige Tage nicht da sein wird oder ob es etwas anderes gibt, was ihn beschäftigt. Es ist auch möglich, dass Thorben nach der Eingewöhnung noch nicht richtig angekommen ist oder sich eine andere Fachkraft gewünscht hat.

Hervorzuheben ist noch, dass Maren nicht versucht, die Gefühle von Thorben kleinzureden („Du brauchst doch jetzt nicht weinen!“) oder ihn abzulenken. Auch das kommt vor. Dennoch wird hier sein Recht auf Partizipation verletzt, indem er nicht mit einbezogen wird. Er wird zum Objekt, das zwischen der Mutter und der Fachkraft herumgereicht wird. Die Bedürfnisse von Kind und Mutter werden nicht gesehen.

Was könnte Maren stattdessen tun?

Gemeinsam mit ihrem Team könnte Maren überlegen, wie das Ankommen am Morgen unter dem Aspekt der Kinderrechte und speziell im Hinblick auf Partizipation für die Kinder gestaltet werden kann. Zum Beispiel können die Kinder und Eltern über Fotos im Eingangsbereich schon beim Hereinkommen erfahren, welche Fachkraft am jeweiligen Tag auf sie wartet. Besonders in größeren Kindertageseinrichtungen kann das bereits dazu führen, dass die Kinder sich sicherer fühlen und besser ankommen.

Bei wechselnden Schichten und unterschiedlichen Personen, die das Ankommen begleiten, hilft es außerdem, wenn sich das Team darüber austauscht, was die Kinder besonders gerne spielen, ob es Übergangsobjekte und bestimmte Rituale zum Ankommen gibt. Diese Rituale können auch mit den Eltern gemeinsam erarbeitet werden. Manche Familien haben Abschiedsrituale für sich entwickelt, die auf die Kita übertragen werden können. Das verschafft dem Kind das Gefühl, stärker in Prozesse und Strukturen mit einbezogen zu sein.

Vielleicht fällt es manchen Kindern auch leichter, in einem bestimmten Raum anzukommen. Ist es möglich, diesen Raum dann zu öffnen, weil es für die anderen Kinder vielleicht nicht so wichtig ist, wo sie sich morgens aufhalten? Könnte die Fachkraft, die morgens da ist, mit den Fachkräften der anderen Gruppen für einen bestimmten Zeitraum an einem oder zwei Tagen tauschen, um Beziehungen zu allen Kinder aufnehmen zu können? Auch das sind Überlegungen, die ein Team anstellen kann, um die Situation zu entspannen.

Übergangsobjekte

Übergangsobjekte sind Gegenstände wie Kuscheltiere, Schmusedecken, Schnuller oder ein ganz bestimmtes Spielzeug, das dem Kind besonders wichtig ist. Das Kind kann seine Bedürfnisse und Wünsche auf das Objekt übertragen und so Eindrücke und Erlebnisse weiter verarbeiten. Übergangsobjekte tragen dazu bei, Stress beim Kind zu reduzieren und es zu beruhigen. Auch wenn das Kind traurig ist und Angst hat, kann das Übergangsobjekt Spannungen abbauen und das Kind unterstützen (vgl. Wedewardt 2023, S. 125).

Übergangsobjekte helfen nicht nur während der Eingewöhnung, sondern tragen auch danach zu einem guten Tag für das Kind bei. Dabei entscheidet das Kind, ob es sein Übergangsobjekt ablegen möchte oder ob es den ganzen Tag in seiner Nähe sein soll.

Vielleicht ist es am Anfang herausfordernd und ungewohnt?

Fachkräfte gehen auf die Bedürfnisse der Kinder ein und lassen sie mitbestimmen und teilhaben allein durch ihre fachlichen Beobachtungen und den damit verbundenen Austausch. Selbstverständlich ist es bei älteren Kindern auch möglich, sie selbst zu fragen. Wenn es Thorben wieder besser geht , kann Maren ihm die Frage stellen, was los war und ob er eine Idee hat, wie ihm der Abschied leichter fallen könnte. Dabei kann sie Vorschläge machen, die umsetzbar sind, und bei der Suche nach einer guten Lösung helfen.

> Je mehr ein Team bereit ist, neu zu denken und sich neue Strukturen und Prozesse zu überlegen, umso einfacher wird es.

Maren könnte außerdem ihre eigene Handlungsweise reflektieren und auf ihr Gefühl vertrauen. Sie nimmt wahr, wie Thorben sich anspannt und spürt, dass die Situation für ihn mit Stress verbunden ist. Gleichzeitig ist er mit Worten erreichbar, er wird nicht vom Schmerz überrollt; also kann Maren in dieser Situation mit ihm sprechen und ihm noch etwas Zeit lassen, bis er bereit ist, sich zu lösen. Es bietet sich an, in solchen Situationen die Empathieschleife zu nutzen (siehe Seite 62). Maren kann auch versuchen, Thorbens Gefühle in Worte zu fassen. Wenn sie weiß, was und mit wem er gerne spielt, kann sie ihm auch erzählen, was ihn gleich erwartet. Hier gehen die Beziehung zum Kind und Partizipation wieder Hand in Hand und werden in der Haltung und im Verhalten der Fachkraft sichtbar.

10 „Dann musst du im Flur warten ...“ Herausforderung Morgenkreis

Der Morgenkreis ist fester Bestandteil in vielen Kindertageseinrichtungen. Er kann auch in Form eines Singkreises oder als Mittagskreis stattfinden. Nicht immer wird er partizipativ gestaltet, obwohl diese Situation Fachkräften oft als erstes in den Sinn kommt, wenn es darum geht, Möglichkeiten für die Mitbestimmung der Kinder zu finden.

Fachkräfte schätzen am Morgenkreis, dass alle zusammenkommen und ein Gefühl für die Gemeinschaft entstehen kann. Dennoch ist der Morgenkreis ein pädagogisches Handwerkszeug und demnach nur so gut wie diejenigen, die es benutzen. Zusammenkünfte dieser Art sind kein Garant für Zusammengehörigkeit oder ein Gefühl der Verbundenheit, sie können auch das Gegenteil auslösen.

Außerdem durchläuft die ganze Gruppe zwei Mikrotransitionen, um in die Situation des Morgenkreises zu kommen, nämlich einmal in die Situation hinein und einmal heraus. Das muss gut durch pädagogische Fachkräfte begleitet werden (vgl. Gutknecht & Kramer 2018, S. 63). Verbunden damit ist immer das Beenden einer anderen Tätigkeit, zum Beispiel einer Spielsituation oder des Frühstücks, ohne größere Rücksichtnahme auf das, was einzelne Kinder zu diesem Zeitpunkt wollen und brauchen.

Das Beispiel

Die Kinder werden durch ein akustisches Signal zum Morgenkreis gerufen. Alle beginnen damit, aufzuräumen. Nur Romy sitzt mit ihrem Buch auf dem Sofa. Erzieher Paul ruft ihr zu, sie solle bitte auch aufräumen. Romy klappt das Buch zu, bleibt aber sitzen. Einige Kinder laufen schon zum Morgenkreis in den angrenzenden Raum; Romy steht zögernd auf. Paul kommt vorbei und nimmt ihr das Buch aus der Hand: „Mensch, Romy! Du solltest das doch aufräumen! Was ist denn heute los? Komm, wir machen das zusammen, und dann geht es zum Morgenkreis. Die anderen sind schon fast alle dort!"
Er stellt das Buch ins Regal, nimmt Romy an die Hand und geht mit ihr zum Morgenkreis. Romy setzt sich auf eines der Kissen. Sie singt heute nicht mit, das fällt Paul auf. „Romy, ich wünsche mir, dass alle Kinder mitsingen. Du auch!" Romy singt nicht. Paul wird unruhig. „Wenn du jetzt nicht mitsingst, kannst du nicht mehr dabei sein! Dann musst du draußen im Flur warten!"

Was ist hier passiert?

Der Tagesablauf sieht einen festen Morgenkreis für alle vor. Es gibt ein akustisches Signal, damit Kinder und Fachkräfte wissen, dass die Zeit zum Aufräumen und für den anschließenden Kreis gekommen ist. Dieses Signal macht für alle den Übergang zwischen zwei Tätigkeiten – eine Mikrotransition – deutlich. Ein Kind wie Romy, die in diesem Moment nicht bereit dazu ist, bringt Unruhe in den Ablauf. Auch im Kreis möchte sie an diesem Tag nicht mitsingen. Paul jedoch nimmt nur wahr, dass sie nicht mitmacht. Er gibt eine Anweisung, der Romy nicht nachkommen kann. Der Erzieher wiederum scheint das als eine Art Provokation aufzufassen und droht damit, sie nach draußen zu schicken.

Vielleicht befürchtet Paul, die Situation könnte ihm entgleiten. Es ist auch denkbar, dass er am Morgen bereits Stress hatte und selbst nicht auf seine Bedürfnisse eingehen konnte, weswegen er in diesem Moment nicht gut reagieren kann. Auch vor dem Morgenkreis fiel es ihm bereits schwer, auf Romy einzugehen. Er nimmt ihr das Buch einfach aus der Hand und führt sie in den anderen Raum zum Morgenkreis, den er durchführen soll. Ganz klar wird hier Romys körperliche Grenze überschritten. Paul handelt übergriffig. Das tut er nicht böswillig, sondern weil es aus seiner Sicht schnell gehen muss und das der schnellste Weg ist, um an sein Ziel zu kommen. Romy wird dadurch zum Objekt, das von einer Stelle zur anderen befördert wird; ihre Rechte zählen nicht.

Romy kann sich selbst nicht helfen und nicht aus der Situation befreien. Vielleicht möchte sie nur rasch wieder zurück zu ihrem Buch. Vielleicht hat sie auch am Morgen etwas erlebt, das sie jetzt noch beschäftigt. Sie wurde nicht wahrgenommen in ihrem Zögern und wird jetzt nicht gesehen in ihrem Desinteresse am Morgenkreis und am Singen.

Was könnte Paul stattdessen tun?

Obwohl der Morgenkreis allen Fachkräften als Möglichkeit zur Partizipation geläufig scheint, scheitert es oft schon direkt zu Beginn oder – wie im Beispiel – bereits davor. Morgenkreise sind meistens Pflichtangebote für alle Kinder. Das kann, je nach Einrichtung und sonstigem Tagesablauf, auch sinnvoll sein, solange trotzdem auf die Bedürfnisse der Kinder geachtet wird.

Auch wenn ein für alle verbindlicher Morgenkreis gut in die Tagesstruktur passt, die Kinder dafür nicht aus dem Spiel gerissen werden und sie im Kreis selbst partizipieren können, gibt es Kinder, die individuell und je nach Tag und Kontext gerade andere Bedürfnisse haben. Es sollte also den Kindern möglich sein, freiwillig teilzunehmen oder sich für etwas anderes zu entscheiden. Ein Morgenkreis für alle setzt voraus, dass alle Kinder zur selben Zeit in derselben Weise aufnahmefähig sind und gerade

> Der Morgenkreis gehört zu den Situationen, die immer wieder überdacht werden müssen – sowohl was den Zeitpunkt im Tagesablauf angeht als auch im Hinblick auf eine freiwillige Teilnahme und Anwesenheitsdauer.

das Gleiche brauchen und wollen. In der Realität ist das vermutlich nicht der Fall. Das Gleiche gilt auch für geplante Angebote.

Eine freiwillige Teilnahme am Morgenkreis würde die Situation deutlich entspannen, denn Romy könnte von ihrem Selbstbestimmungsrecht Gebrauch machen und entscheiden, heute nicht teilzunehmen und stattdessen das Buch weiter anzuschauen. Auch für Paul würde der Morgen besser ablaufen. Er wäre nicht in der Verantwortung, alle Kinder zum Aufräumen und in den Morgenkreis zu bewegen. Dadurch würde ein Zeitfenster entstehen, in dem er mit Romy besprechen kann, was los ist. Nun kann er zumindest in der Rückschau die Situation reflektieren und Romys Verhalten als Beschwerde ans Team weitergeben. Denn auch im Nachhinein kann Paul feststellen, dass er sich nicht gut verhalten hat und übergriffig war. Er kann das mit Romy besprechen und ihr signalisieren, dass er sie jetzt sieht und mit ihr in einen Dialog auf Augenhöhe treten möchte.

Ein flexibler Tagesablauf, an dem mehrere Dinge gleichzeitig passieren können, unterstützt die Fachkräfte dabei, besser auf die Kinder einzugehen und hilft, Mikrotransitionen auf die Übergänge des Alltags zu reduzieren, die wirklich sein müssen.

Kleine Übergänge meistern

Mikrotransitionen sind die kleinen Übergänge im Alltag zwischen Tätigkeiten und Räumen oder auch bei Schichtwechsel zwischen den Fachkräften. Sie erfordern von den Kindern, sich schnell auf Neues einzulassen, umzustellen, ihre eigene Tätigkeit zu unterbrechen und etwas anderem den Vortritt zu lassen. Oft unterschätzt wird die Wichtigkeit von Partizipation innerhalb dieser kleinen Übergänge.

Für die Fachkräfte ist meistens klar: Es kommt jetzt etwas anderes, und alle machen dabei mit. Sie erwarten, dass die Kinder das mittragen. Die Übergänge werden geplant, es wird überlegt, wie man den Wechsel für alle deutlich machen kann – vielleicht durch ein akustisches Signal wie im Beispiel – und wie die Kinder gut dabei begleitet werden können.

Besonders im Bereich der Krippe wird über die achtsame Planung von Mikrotransitionen gesprochen, damit diese Übergänge möglichst stressfrei für alle ablaufen können. Das ist eine gute Entwicklung. Außen vor sind dennoch die Teilhabemöglichkeit und Entscheidungsfreiheit der Kinder, unabhängig vom Alter. Denn auch während dieser Übergänge haben sie Selbstbestimmungs- Mitbestimmungs- und Mithandlungsrechte. Sie haben ein Recht darauf, diese Wechsel in ihrem Tempo zu durchleben, dabei über sich selbst zu bestimmen und einbezogen zu werden.

Ein Kind ist vielleicht gerade heute nicht bereit, sich von seinem Spiel zu lösen, und es ist Aufgabe der Fachkraft, dann im Dialog mit dem Kind eine Lösung zu finden. Diese Lösung hat sich die Fachkraft nicht bereits vorab ausgedacht; sie kann Alternativen anbiete, wie etwa drinnen weiter zu spielen, später nach draußen zu wechseln und so weiter. Sollte das nicht möglich sein, weil nicht genügend erwachsene Hände für die verschiedenen Möglichkeiten zur Verfügung stehen, ist die dialogische Haltung davon unberührt.

Partizipation geht immer.

Die Haltung, dass da ein gleichwürdiger Mensch vor einem steht, mit eigenen Gedanken und Bedürfnissen, die es zu achten gilt, bleibt bestehen. Darüber braucht es ein Übereinkommen im Team, damit es im Nachhinein nicht zu ungeduldigen Diskussionen darüber kommt, ob dieses oder jenes Vorgehen tatsächlich nötig war.

Bei der generellen Planung von Mikrotransitionen sollten die Bedürfnisse der Kinder genau bedacht werden. Es mag Fachkräften als gute Idee erscheinen, zum Beispiel ein akustisches Signal zu setzen, weil es aus dem erwachsenen Blickwinkel richtig erscheint. Gleichzeitig kann es jedoch sein, dass einzelne Kinder in der Gruppe dadurch reizüberflutet werden (vgl. Gutknecht & Kramer 2018, S. 31) oder vielleicht zu einem Zeitpunkt, an dem die Kinder warten sollen, aber schon so müde sind, dass sie das nicht mehr können. Das können auch Kinder sein, die Müdigkeit durch eine erhöhte Aktivität zeigen, bei der sie zunehmend unkoordinierter werden. Die Gestaltung von Mikrotransitionen ist also kein Selbstläufer, sondern erfordert, wie andere pädagogische Maßnahmen auch, regelmäßige Reflexion insbesondere im Hinblick auf die Partizipation der Gruppe und der einzelnen Kinder. Was für die Kindergruppe im letzten Jahr noch richtig und gut war, kann in diesem Jahr bei neuen Kindern Stress auslösen oder dazu führen, dass sie sich nicht zeigen können.

Auch wenn eine Fachkraft zu Schichtende einfach den Raum verlässt und plötzlich eine neue Person dasteht, kann das auf Kinder verunsichernd wirken. Das trifft natürlich nicht auf jedes Kind zu; doch die Kinder, die davon irritiert sind, sollten beim nächsten Mal bedacht werden und sich verabschieden können. Das hilft ihnen, sich auf die andere Fachkraft einzustellen, und sie können an diesem Wechsel teilhaben. Die Kinder können nicht entscheiden, ob jemand kommt oder geht. Das legen die Fachkräfte bzw. die Leitung fest und wird im Dienstplan geregelt. Gleichzeitig haben Kinder das Recht zu erfahren, was um sie herum passiert, um sich darauf einstellen zu können. Wie würde es uns gehen, wenn wir nicht wüssten, wer wann kommt und geht?

Podcast Fea's naive Welt (Folge 105):
Morgenkreis – eine Kritik

https://feasnaivewelt.podigee.io/106-morgenkreis-eine-kritik

Der Kita Podcast (Folge 72):
Morgenkreise bedürfnisorientiert gestalten – Fragenfolge mit Kathrin Hohmann

https://beduerfnisorientierte-paedagogik.de/72-die-tuecken-des-morgenkreises

11 „Probier doch mal!“ Das Selbstbestimmungsrecht bei den Mahlzeiten

Viele Fachkräfte sind sich bewusst, dass Essen und gemeinsame Mahlzeiten in schöner Atmosphäre ablaufen sollen. Sie wissen um die Wichtigkeit der Essenssituation als Bildungschance für die Kinder und wollen gerne eine angenehme Tischgemeinschaft entstehen lassen. Doch nicht immer gelingt dieses Vorhaben. Kinder erhalten oft gerade beim Essen eher Instruktionen als wohlwollende Blicke und werden eher angewiesen, etwas zu tun oder zu lassen, als dass sie in ein Tischgespräch mit einbezogen werden.

Das Beispiel

Jannis ist zwei Jahre alt. Beim Mittagessen schiebt er den Teller von sich: „Mag das nicht! Tasche holen!“ „Aber probiere doch erst mal!“, sagt Erzieherin Evi, die heute das Mittagessen begleitet. „Nein, Tasche holen!“ Evi seufzt. Bestimmt wollen das jetzt gleich alle Kinder. Wenn sie das zulässt, wird Kollegin Kristina wieder die Augen verdrehen, und mit ihrem Kollegen Tobi wird sie morgen diskutieren und erklären müssen, warum sie Jannis eine Ausnahme erlaubt hat. Jannis holt währenddessen seine Tasche. „Apfel bei!“, ruft er und isst.

Was ist hier passiert?

Für Evi gehört die Entscheidung, etwas zu essen oder nicht, klar zu den Selbstbestimmungsrechten der Kinder. Sie ist sich sicher, dass kein Mensch zum Essen gezwungen werden darf, auch wenn es im Team nicht klar festgelegt wurde.

Exkurs: Zwang zum Essen

> Der Zwang zum Essen zählt zu den Formen körperlicher Gewalt. Dieser Zwang kann unter anderem zu Essstörungen führen. Bei der Entscheidung, etwas zu essen oder nicht geht es darum, die Kontrolle über den eigenen Körper zu haben und auch um die Wahrung der persönlichen Grenzen. Es kann Situationen geben, in denen es medizinisch notwendig ist, dass Kinder Nahrung zugeführt wird. In allen anderen Situationen sollte es selbstverständlich sein, dass die Kinder selbst darüber entscheiden, ob und was sie essen möchten. Auch das Drängen zum Probieren oder die Androhung, dem Kind den Nachtisch zu verweigern, wenn es nicht probieren sollte, sind psychischer Druck und somit gewaltvoll. Daher brauchen Kindertageseinrichtungen in Bezug auf die Mahlzeiten klare Regeln für pädagogische Fachkräfte die sich an den Kinderrechten orientieren (vgl. Maywald 2019, S. 52f.)

Erzieherin Evi unternimmt einen kleinen Versuch, Jannis doch zum Essen zu bewegen, um den Kolleg:innen zu zeigen, dass sie sich bemüht. Aber Jannis scheint sein Recht zu kennen, auch wenn er es nicht formulieren kann. Vermutlich ist Evi öfter beim Mittagessen dabei, und Jannis weiß bereits, dass er andere Optionen hat und nicht essen muss. Evi denkt in dieser Situation schon über die möglichen Reaktionen ihrer Kolleg:innen nach und wappnet sich innerlich. Noch weiß sie nicht, ob ihre Vorahnungen wirklich eintreten werden, aber die Gespräche aus anderen Tagen sind ihr in diesem Moment präsent. Es ist eine unangenehme Situation für Evi, doch das Selbstbestimmungsrecht und die Wahrung der Grenzen der Kinder sind ihr wichtiger, auch wenn sie die Blicke der anderen spüren kann.

Evi erklärt am nächsten Tag ihren Kolleg:innen, dass Jannis und alle anderen Kinder das Recht haben, selbst zu entscheiden, was sie essen möchten.

Was könnte Evi stattdessen tun?

Solche Situationen passieren in Kindertageseinrichtungen keineswegs selten. Viele Teams sind sich nicht einig über den „Probierklecks" oder darüber, wie und welche Alternativen Kindern angeboten werden können, wenn sie etwas nicht essen und auch nicht probieren mögen. Zu oft wird noch dazu tendiert, die Kinder zu überreden, oder mit der Verwehrung des Nachtischs gedroht. „Probieren oder nicht" ist nicht die einzige Uneinigkeit, die in Teams in Bezug auf die Mahlzeiten herrscht. Die gemeinsame Mahlzeit scheint eine der Situationen zu sein, die für die Fachkräfte und damit auch für die Kinder am meisten Stresspotenzial enthält. Gleichzeitig birgt sie enorm viel Bildungs- und Beteiligungspotenzial in unterschiedlichen Facetten. So kann beispielsweise beim Essen über Mengenbegriffe und verschiedene Konsistenzen gesprochen werden. Allerdings nur, wenn die Mahlzeiten tatsächlich in einer angenehmen Atmosphäre stattfinden und nicht geprägt sind von Befehlen, die die Kinder jeglicher Entscheidungsfreiheit entheben.

Häufig wird als Pro-Argument für den Probierklecks angeführt, dass die Kinder nicht wissen können, ob ihnen etwas schmeckt, bis sie es probiert haben. Es sei Aufgabe der Kita, die Kinder auch mit unvertrauten Lebensmitteln bekannt zu machen. Immer wieder ist auch die Rede davon, Kinder müssten ein Lebensmittel mehrere Male angeboten bekommen, um es irgendwann auch zu essen. Dieses Argument ist kein wirkliches Pro. Kinder lernen Nahrungsmittel auch kennen, indem diese einfach auf dem Tisch stehen und sichtbar sind. Wenn sich die Fachkraft mit den

Kindern über das Essen unterhält und Konsistenz, Farbe und Geschmack bespricht und vielleicht auch darauf eingeht, wie unterschiedlich Essen zubereitet werden kann, lernen die Kinder viel über die Lebensmittel, die auf dem Tisch stehen. Die einzelnen Komponenten einer Mahlzeit müssen dazu nicht auf den Tellern liegen. Auch darf die Gabe auf den Teller nicht ohne Einverständnis des Kindes geschehen, das wäre eine klare Grenzüberschreitung.

> Fachkräfte, die sich nicht sicher sind, ob eine Maßnahme in Ordnung ist oder nicht, können sich immer wieder selbst fragen, ob sie das, was sie gerade mit den Kindern beabsichtigen, auch bei einem erwachsenen Menschen – vielleicht mit der besten Freundin – machen würden.

Kindern wird besonders in Essenssituationen ihr Recht auf Partizipation entzogen, wenn das Team sich nicht reflektiert. Wir würden nicht einfach so einer anderen erwachsenen Person etwas auf den Teller legen oder sie zum Probieren überreden. Es bei Kindern dennoch zu tun, ist gewaltvoll und adultistisch. Eine partizipative Haltung würde ein solches Vorgehen von vornherein ausschließen. Die Kinder sollten immer selbst entscheiden können, was auf ihren Teller gelegt wird und was sie probieren wollen und was nicht. Wenn eine solche Entscheidung vom Kind rückgängig gemacht wird, ist das auch in Ordnung: Kinder dürfen sich entscheiden, etwas probieren zu wollen und es dann doch nicht tun. Die meisten Entscheidungen, die Menschen treffen, sind nicht für alle Zeiten festgeschrieben. Also dürfen auch Kinder erfahren, dass man seine Entscheidung revidieren und sich anders orientieren kann – nicht nur beim Essen.

Es liegt eine große Chance in der geschilderten Beispielsituation. Denn nicht nur die Entscheidung über Essen oder Nichtessen ist eine Möglichkeit zur Teilhabe. Es gibt eine Vielzahl weiterer Momente, die genutzt werden können:

Partizipation bei Mahlzeiten

Hier einige weitere Fragen zur Reflexion von Partizipation in Essenssituationen:

- Wer schöpft das Essen? Was brauchen die Kinder, um selbst schöpfen und einschenken zu können?
- Dürfen die Kinder selbst entscheiden, wie viel sie sich auftun?
- Wer schenkt Getränke ein?
- Ist für die Kinder klar, was es zu essen gibt?
- Muss Nachtisch nach dem Hauptgang gegessen werden?
- Welches Besteck bekommen die Kinder? Welches Geschirr?
- Wie ist die Situation generell gestaltet? Gibt es für die Kinder die Möglichkeit, aufzustehen, wenn sie fertig sind?
- Wer entscheidet, ob Lätzchen getragen werden?
- Werden die Kinder gefragt, was es zu essen geben soll?
- Wer entscheidet über die Platzwahl/Sitzordnung?

Evi könnte also direkt nach einem ersten ähnlichen Vorfall wie in unserem Beispiel in der nächsten Teamsitzung mit ihren Kolleg:innen darüber sprechen und ihre Ansichten und Erfahrungen schildern. Es ist auch Aufgabe der Leitung, die Rechte der Kinder im Blick zu haben und gemeinsam mit dem Team in der Konzeption zu verankern. Das Team kann sich mit Partizipation als Kinderrecht und speziell den Selbstbestimmungsrechten auseinandersetzen und gemeinsam reflektieren, was das für die einzelnen Fachkräfte bedeutet, wo wessen Grenzen liegen und wo noch mehr erreicht werden kann.

Im Anschluss an die Reflexion im Team werden die besprochenen Punkte in der Konzeption der Einrichtung verankert und so zu Vereinbarungen, auf die sich alle berufen können. Auf diese Weise werden klare Regeln für die Fachkräfte in punkto Mahlzeiten geschaffen, gewaltvolles Handeln verhindert und Partizipation gestärkt.

Exkurs: Gerechtigkeit

An manchen Tagen sehen sich Kitas zu den Mahlzeiten mit besonderen Herausforderungen konfrontiert. Wenn zum Beispiel Gemüsebratlinge oder Fischfilet genau abgezählt geliefert werden, können die Kinder sich nicht einfach so viel nehmen, wie sie möchten. Fachkräfte zählen es dann oft zu ihren Aufgaben, darauf zu achten, dass auch jedes Kind die Möglichkeit hat, seine Portion zu bekommen. Dabei entstehen manchmal unschöne Situationen, wenn ein Kind vielleicht nur diese eine Komponente des Essens mag. Es wäre sinnvoll, diesem Kind dann Alternativen anzubieten, etwa ein Stück Obst aus der Küche, damit es seinen Appetit stillen kann oder dass es sich aus seiner eigenen Frühstücksbox etwas nehmen kann, was es am Morgen übrig gelassen hat. Auf diese Weise kann sowohl die Partizipation des Kindes umgesetzt werden als auch das Recht des anderen Kindes auf seinen Anteil am Essen gewahrt bleiben. Die Situation wird den Kindern außerdem gut verständlich erklärt. Auch das ist eine Möglichkeit, Kinder miteinzubeziehen, und bietet eine weitere schöne Lerngelegenheit.

12 „Bleib jetzt bitte liegen!“ Mitbestimmung beim Schlafen und Ausruhen

Das Thema „Schlafen und Ausruhen“ beschäftigt nach wie vor viele pädagogische Fachkräfte und Eltern. Auffallend ist, dass dabei oft an den Kindern vorbei gedacht wird. Selbst die Erkenntnis, dass Schlaf ein Grundbedürfnis ist, führt nicht unbedingt dazu, dass Kinder in der Kita schlafen können, wenn sie müde sind. Entweder stehen dem der Tagesablauf oder die unterschiedlichen Wünsche der Eltern, dass das Kind gar nicht mehr, so wenig wie möglich oder auf jeden Fall tagsüber schlafen soll, entgegen.

In manchen Kindertageseinrichtungen stehen keine Räume zum Schlafen zur Verfügung, in anderen bestehen die Fachkräfte darauf, dass alle Kinder zu einem bestimmten Zeitpunkt schlafen oder zumindest im Liegen ausruhen müssen. Wünsche und Bedürfnisse prallen bei diesem Thema aufeinander, und es ist nicht immer leicht, ein Gleichgewicht herzustellen.

Doch egal, wie alt ein Kind ist: Es sollte immer schlafen oder ausruhen können, wenn das Bedürfnis da ist. Genauso sollte es möglich sein, eine Ruhe-Zeit zu verankern, die die Kinder nicht zum Liegen zwingt. Ruhe und ein Bedürfnis danach fühlen sich für jeden Menschen anders an.

Das Beispiel

Der dreieinhalbjährige Simon sagt, dass er nicht müde ist. Das teilt er jeden Tag schon vor dem Mittagessen seiner Erzieherin Birgit mit. Im Schlafraum kommt er dann nicht zur Ruhe, dreht sich hin und her, redet vor sich hin und beginnt schließlich zu singen. Birgit hat einige Mal ruhig mit ihm gesprochen und ihn aufgefordert, leise zu sein. Mittlerweile ist sie genervt davon. Jetzt sagt Birgit in strengem Ton zu Simon: „Leg dich hin und sei ruhig! Die anderen Kinder können nicht schlafen."

Was ist hier passiert?

Birgit scheint zu denken, dass sie alle Kinder dazu bringen muss, zu schlafen oder wenigstens ruhig zu liegen. Vermutlich gibt es dazu Absprachen im Team, mit den Eltern oder einen Passus im Dienstplan bzw. wurde diese Regelung einfach nie hinterfragt. Oft müssen in der Ausruhzeit die Pausen des Teams stattfinden, sodass die Fachkräfte darauf angewiesen sind, dass die Kinder schlafen.

Birgit ermahnt Simon mehrere Male und wird am Ende auch strenger, mit dem Hinweis darauf, dass die anderen Kinder nicht schlafen können, wenn er weiterhin so laut und unruhig ist. Simon dagegen hat mehrere Male gesagt, er sei nicht müde, und zeigt dies nun auch in seinem Verhalten. Den Zusammenhang zwischen seinem Verhalten und dem erschwerten Einschlafen der anderen Kinder kann er wahrscheinlich noch gar nicht verstehen. Und wenn er ihn versteht, dann kann er daraus keinen logischen Schluss ziehen und sein Verhalten auf dieser Grundlage ändern. Dafür bräuchte er die pädagogische Begleitung einer Fachkraft. Eine Verhaltensänderung von Simon zu erwarten und ihn nicht dabei zu begleiten stellt eine Überforderung dar, die auf beiden Seiten zu Frustration führen muss.

Was könnte Birgit stattdessen tun?

Partizipation bedeutet in diesem Fall, das Kind genau zu beobachten und seine Aussage ernst zu nehmen. Simon kann nur teilhaben und mitentscheiden, wenn er von den Erwachsenen einbezogen wird. Es muss für ihn eine andere Möglichkeit zur Gestaltung der Ausruhzeit gefunden werden, in der er nicht mehr schlafen und liegen muss. Um das zu erreichen, müssen die Fachkräfte ihre Beobachtungen den Eltern schildern und überlegen, welche Strukturen entsprechend verändert werden können. Manchmal gibt es mehrere Kinder, die nicht mehr schlafen und in eine Gruppe gefasst werden können.

Diese Überlegungen sind auch angebracht, wenn – umgekehrt – Kinder bereits vor der offiziellen Ruhe-Zeit müde sind und am Schlafen gehindert werden, weil es in zehn Minuten Mittagessen gibt oder sie später nicht mehr schlafen würden, wenn es besser in den Ablauf passt. Auch wenn ein Kind während der Mahlzeit so müde wird, dass es nicht mehr essen kann oder nur weint, ist es dringend Zeit, dieses Verhalten als eindeutiges Signal zu erkennen und entsprechend zu handeln.

> Partizipation bedeutet, die Bedürfnisse der Kinder zu beantworten.

Das Hören und Beantworten der Bedürfnisse durch die Fachkraft ist der Moment, in dem die Kinder Teilhabe erfahren. Partizipation und bedürfnisorientiertes Arbeiten ergänzen sich. Zunächst scheint dieses Vorgehen viel Aufwand zu bedeuten. Doch sobald die Fachkräfte sich daran gewöhnt haben, ist eher das Gegenteil der Fall. Letztlich sind die personellen Ressourcen dann einfach anders verteilt als sie es vorher waren.

13 „Doch, alle ziehen Gummistiefel an!" Stressfalle Garderobe?

Garderobensituationen sind ebenfalls Mikrotransitionen und kennzeichnen den Wechsel von Aktivitäten. Sie werden von vielen Fachkräften als stressig empfunden. Alle Kinder sind gleichzeitig dabei, sich umzuziehen. Schals und Mützen wirbeln durcheinander, der Überblick geht schnell verloren. Auch für die Kinder ist das keine besonders schöne Situation.

Das Beispiel

Erzieherin Luna hat die Kinder der Bienengruppe zum Umziehen in die Garderobe geschickt. Sie hat mit ihnen besprochen, wie das Wetter ist und dass sie Gummistiefel, Jacken und Mützen brauchen. Während die Kinder bereits in der Garderobe ankommen, wechselt Luna noch zwei Sätze mit ihrer Kollegin aus der anderen Gruppe, um kurz etwas abzusprechen. Ein Blick zur Uhr: Die Zeit ist knapp. Schon in 45 Minuten müssen die Kinder wieder vom Garten hereinkommen. Was hat heute Morgen so lange gedauert?
Luna hat keine Zeit, sich darüber Gedanken zu machen. Sie hört schon aus der Entfernung das Chaos in der Garderobe. Die Erzieherin bemüht sich, den Kindern beim Anziehen zu helfen, damit es schneller geht und sie die Zeit draußen nutzen können. Sie zieht Reisverschlüsse zu, hilft, Stiefel zu suchen, lächelt einem Kind zu, das sich allein die Jacke angezogen hat, und mahnt nebenbei die fertig angezogenen Kinder zur Ruhe und zum Warten und auf dem Bänkchen neben der Tür.

Ein Kind beginnt zu weinen, als Luna ihm die Mütze auf den Kopf setzt. Aber sie hat jetzt keine Zeit, mit ihm darüber zu sprechen, denn ein anderes Kind will seine Gummistiefel nicht anziehen und beginnt ebenfalls zu weinen, als Luna bestimmt: „Doch, alle ziehen Gummistiefel an! Du auch! Das haben wir doch gerade besprochen." Luna hat Stress. Die Kinder auch.

Was ist hier passiert?

Während sich meistens schon einige Kinder sehr gut allein anziehen können, verlieren sich andere im Gedränge, verteidigen ihren Platz oder finden ihre Schuhe nicht. Luna versucht, schnell voranzukommen, damit möglichst alle Kinder bald im Garten sind und die Garderobe trotzdem nicht aussieht wie das reine Chaos. Es ist nicht verwunderlich, dass auch hier die Partizipation zu kurz kommt, denn entsprechende Möglichkeiten sind nicht implementiert.

Der Morgen scheint schon turbulent verlaufen zu sein, was zusätzlichen Stress verursacht. Luna glaubt nun, keine Zeit für die Belange einzelner Kinder zu haben. Ihr Ziel ist es, möglichst alle zur gleichen Zeit angezogen nach draußen zu bringen. In der Folge kommt Luna noch mehr in Stress und obwohl sie sich so bemüht, alle Kinder zu sehen und allen gerecht zu werden, gelingt das nicht ganz. Ihr Stress überträgt sich auf die Kindergruppe. Gerade die jüngeren Kinder können kaum überblicken, was passiert, oder sich auf ihre Aufgabe des Umziehens konzentrieren.

Was könnte Luna stattdessen tun?

Eine erste, einfache Möglichkeit besteht darin, die Gruppe „zu entzerren". Meist müssen nicht alle Kinder gleichzeitig nach draußen gehen. Im Grunde müssen auch nicht alle Kinder in den Garten, sondern könnten selbst entscheiden, ob sie drinnen oder draußen sein wollen, sofern die personellen Kapazitäten gegeben sind.

Und dann bleiben da noch viele weitere Fragen der Selbstbestimmung – zum Beispiel: Was möchte ich anziehen und was nicht?

Reflexionsfragen für die Garderobe

- **Wann gehen wir ins Freie, wer entscheidet das?**
- **Was wird angezogen?**
- **Wann gehen wir wieder hinein?**
- **Müssen alle nach draußen/wieder hinein? Muss das gleichzeitig passieren?**
- **Wie könnte eine Entzerrung konkret aussehen?**
- **Werden Kinder aus dem Spiel gerissen, um sich umziehen zu gehen? Wie könnte das anders gestaltet werden?**

Ein Entzerren der Garderobensituation hat den Vorteil, dass jedes Kind die Möglichkeit bekommt, im eigenen Tempo zu agieren. Die Kinder können so besser teilhaben und selbstbestimmt handeln. Dann stört es auch nicht, wenn ein Kind noch nicht fertig ist oder erst noch überlegen muss, was es anziehen will. Es kann auch mit dem nächsten Schwung Kinder nach draußen gehen. Auf diese Weise kann ein stärkeres Augenmerk auf die Begleitung und die individuellen Bedürfnisse gelegt werden; niemand muss sich gestresst fühlen oder verpflichtet, eigene Ansprüche oder die der anderen zu erfüllen.

Ein weiterer Vorteil besteht darin, dass die Fachkraft ihre Konzentration dann nicht auf viele Kinder gleichzeitig richten muss. Dadurch kann sie feinfühliger handeln als in einer größeren Gruppe. Kleine Gruppen sind daher nicht nur in der Garderobe erstrebenswert.

Absprachen mit anderen Mitarbeiter:innen sollten im besten Fall dann getroffen werden, wenn gerade nicht die volle Konzentration der einzelnen Fachkraft benötigt wird. Nur zehn Minuten später, in der Gartenzeit, wäre das Gespräch mit der Kollegin in unserem Beispiel passender gewesen. Grundsätzlich ist es empfehlenswert, alle nötigen Absprachen schon zu Tagesbeginn zu treffen. Doch im laufenden Geschehen entwickeln sich trotzdem immer wieder Situationen, die kurzfristige Änderungen und Absprachen notwendig machen, und es ist wichtig für die Fachkräfte und die Kinder, dann einen guten Zeitpunkt dafür zu finden.

Luna hatte außerdem nicht genügend Zeit zum Anziehen für die Kinder eingeplant oder nicht einhalten können. Für den nächsten Tag kann sie reflektieren, wo genau der Haken war und warum der Übergang nicht gut geklappt hat. Vielleicht passiert das ja auch öfter und es braucht eine grundlegende Änderung des Ablaufs?

14 „Und was machen wir bei Personalmangel?“ “ Partizipation als Erleichterung der Arbeit

In vielen Kindertageseinrichtungen gibt es feste Tagesabläufe, die die Teams gemeinsam erdacht haben. Änderungen und kurzfristiges „Umwerfen“ einzelner Punkte stören dann entweder den gesamten Ablauf oder werden von einzelnen Fachkräften als sehr verunsichernd wahrgenommen. Als Grund, wenn es um den Erhalt dieser Strukturen geht, wird häufig angeführt: „Die Kinder brauchen das, um im Alltag klarzukommen.“ Vorhersehbarkeit und Rhythmus sind wichtig für Kinder, solange diese Faktoren tatsächlich Sicherheit schaffen und nicht einengend und starr sind. Dieses Bedürfnis kann jedoch von Kind zu Kind unterschiedlich ausgeprägt sein, und genau das ist eine Herausforderung für pädagogische Fachkräfte.

Das Beispiel

Die dreigruppige Kita „Zauberwald“ hat seit mehreren Jahren einen festen Tagesablauf:

7.30 bis 9.00 Uhr:	Ankommen/Freies Spiel
9.00 bis 9.30 Uhr:	Frühstück in den Gruppenräumen
9.30 bis 10.30 Uhr:	Aufenthalt im Garten oder Spaziergang
10.30 bis 11.00 Uhr:	Gezieltes Angebot
11.00 bis 11.20 Uhr:	Morgenkreis
11.20 bis 11.30 Uhr:	Händewaschen
11.30 bis 12.00 Uhr:	Mittagessen

11.30 bis 12.30 Uhr: Freies Spiel/Aufenthalt im Garten für die Halbtagskinder

12.00 bis 13.00/14.00 Uhr: Ausruhen und Schlafen

15.00 Uhr: Abholzeit

Die Angebote plant jede Gruppe für sich, das Thema des Morgenkreises soll sich an den Themen der Kinder innerhalb der Gruppen orientieren und wird daher von jeder Gruppe separat vorbereitet und durchgeführt. Während der Ruhephase sollen alle Kinder schlafen oder zumindest liegend ruhen, damit die Fachkräfte ihre Pausen einhalten können. Jüngere Kinder dürfen länger schlafen. Spätestens gegen 14 Uhr werden alle Kinder geweckt und zum Abholen vorbereitet.

An Tagen mit krankheitsbedingten Ausfällen achten die Fachkräfte besonders auf die Einhaltung dieses Ablaufs, um den Kindern Sicherheit zu geben. So gut es geht, helfen sich die Fachkräfte gegenseitig aus, doch es ist stressig, alle Punkte im Tagesablauf einzuhalten. Für individuelle Absprachen mit den Kindern, Zeit während der Mikrotransitionen oder Beobachtungen von Interessen bleibt dann kein Puffer. Auch die individuellen Bedürfnisse der Kinder bleiben manchmal auf der Strecke. Partizipation findet nur im Freispiel und teilweise im Morgenkreis statt. Sobald ein Kind etwas braucht, was die anderen gerade nicht brauchen, kommen die Fachkräfte in Stress. Einige Mitglieder des Teams sind damit unzufrieden, andere haben Sorge, dass mehr Rücksicht auf die kindlichen Bedürfnisse dazu führen könnte, dass der Stress (noch) größer wird. Die Annahme, dass Partizipation und die Orientierung an den Bedürfnissen der Kinder nicht machbar sind, durchzieht den Kita-Alltag.

Was ist hier passiert?

Das Team der Kita „Zauberwald“ sieht einen großen Nutzen in den festen Abläufen. Die Strukturen sollen den Kindern Sicherheit geben und bieten gleichzeitig den Fachkräften einen Rahmen für ihre Arbeit. Doch nehmen die Fachkräfte wahr, dass unter diesen Umständen oft die Zeit fehlt, um mit einzelnen Kindern ins Gespräch zu kommen oder auf individuelle Bedürfnisse einzugehen, weil der nächste Punkt im Tagesablauf bevorsteht.

Dazu kommt, dass viele Angebote am Tag für alle Kinder geplant sind. Kann ein Kind gerade nicht kooperieren, zum Beispiel in der Garderobe oder beim Aufräumen, sorgt das für Stress unter den Fachkräften. Auch Kinder, die durch ihr Verhalten herausfordern oder nur eingeschränkt „mitlaufen“ können, fallen in den streng getakteten Strukturen noch mehr auf, und das Team fühlt sich zusätzlich gestresst. Die Fachkräfte haben ihren Zeitplan im Kopf und sehen sich in der Verantwortung, sich an die selbst erdachten Regeln und Strukturen zu halten und sie umzusetzen. Alles, was außer der Reihe passiert, wird als Stress empfunden und führt dazu, dass noch weniger auf individuelle Bedürfnisse eingegangen wird. Schnell entsteht die Sorge, mit jedem Kind „diskutieren“ zu müssen, was eben nicht im Hinblick auf alle Kinder machbar ist. Daher gibt es starke Tendenzen im Team, gar nicht auf Individualität einzugehen, um dann nicht ungerecht sein zu müssen.

Personalmangel, Pausenabdeckungen und lange Aufgabenlisten, die abgearbeitet werden wollen, vervielfältigen die täglichen Herausforderungen. Indem die Fachkräfte weiter an ihrem Ablauf festhalten, setzen sie sich selbst unter Druck und schränken außerdem die Möglichkeiten der Kinder zur Partizipation im Alltag ein. Auch in Zeiten von Personalmangel hält das Team an seinen Strukturen fest. Aus Sicht der Fachkräfte mag es logisch erscheinen, die Kinder enger zu fassen, weniger Freiräume zuzugestehen und möglichst alle Kinder zur gleichen Zeit am gleichen Ort zu betreuen. Besonders wenn ein Team sich temporärem oder dauerhaftem Personalmangel gegenübersieht. So behalten die Fachkräfte die Kontrolle und den Überblick über die Situationen, und der Tag wird wie geplant ablaufen. Dieses Festhalten an starren Strukturen steht im Gegensatz zu Partizipation. Vor allem, wenn man bedenkt, dass Partizipation zwar Methoden beinhaltet, sich aber grundsätzlich in der gelebten Haltung und Praxis zeigt.

Was könnte das Team stattdessen tun?

Es ist interessant herauszufinden, ob feste bis starre Abläufe wirklich für alle zur Vorhersehbarkeit und Sicherheit beitragen oder ob nicht eine gewisse Konstanz in den Handlungen der Fachkräfte den Kindern mehr oder genauso viel Sicherheit vermittelt wie ein Tagesablauf das kann. In Zeiten, in denen weniger Personal anwesend ist, müssen manche Punkte im Tagesablauf so lange flexibel gehandhabt bzw. auch eingeschränkt werden, bis wieder mehr Kräfte zur Verfügung stehen.

Der Tagesablauf im Beispiel sollte mit Blick auf Stressreduzierung und eine Steigerung von Teilhabe und Bedürfnisorientierung schrittweise verändert werden. Einige Teammitglieder sind bereits dabei, die Stolpersteine aufzudecken und zu benennen. Es erfordert viel Offenheit und Lösungswillen im Team, um die Strukturen nach und nach zu lockern.

Überforderung durch Stress

Unter Stress entstehen auch Situationen, in denen pädagogische Fachkräfte übergriffig handeln und gewaltvolle Handlungen eher als normal oder sogar notwendig empfunden werden. Allerdings sind nicht allein Stress durch Personalmangel oder andere Faktoren dafür verantwortlich. Dennoch sollte dieser Faktor bedacht werden und dazu führen, den Tagesablauf immer wieder kritisch zu betrachten und zu verändern.

Ein an die aktuelle Situation angepasster Tagesablauf bietet weitaus mehr Chancen, auf die Bedürfnisse und Teilhabemöglichkeiten einzelner Kinder einzugehen – und zwar an Stellen, wo es vorher undenkbar schien. Mit Blick auf den Ablauf wird auch klar, dass nicht alle Punkte einfach verändert werden können. Ein erster Schritt könnte sein, die vorhandenen Strukturen als flexibel zu betrachten. Sie sind dann eine Art Leitfaden, der nicht immer und ohne Frage erfüllt werden muss, sondern nur den äußeren Rahmen spannt, innerhalb dessen die Fachkräfte zuerst die Bedürfnisse der Kinder beantworten und Partizipation Raum einnehmen darf. Damit werden die festen Zeiten aufgebrochen, etwas darf länger oder kürzer dauern, Kinder dürfen auch mal „nicht funktionieren", ohne dass gleich alles zu kippen droht. Der Fokus wird verschoben.

Die gezielten Angebote, die der aktuelle Tagesplan vorsieht, sind generell zu hinterfragen (siehe Kapitel 1.5). Der zeitliche Ablauf sollte so konzipiert sein, dass Kinder auch einmal länger spielen können, wenn sie gerade in eine Sache vertieft sind. Genauso ist es ein Zeichen für pädagogische Qualität, wenn einem Kind besondere Aufmerksamkeit zukommt, weil es das gerade braucht, auch wenn sich der Tagesablauf dadurch etwas verschiebt. Die Bedürfnisse der Kinder sind wichtiger als die Einhaltung eines ausgedachten Zeitplanes (vgl. Alemzadeh 2012, S. 8ff.).

Im zweiten Schritt sollte sich das Team genau anschauen, welche Strukturen wirklich möglichst allen durch den Tag helfen und die Orientierung an Bedürfnissen zulassen und welche eher Stress verursachen. Es hilft außerdem, soviel wie möglich auf freiwilliger Basis anzubieten. So kommt niemand in die Lage, ein Kind oder mehrere Kinder zu einem Projekt schicken zu müssen, das nicht ihren (momentanen) Interessen entspricht.

Reflexionsfragen zum Tagesablauf

- Welche festen Punkte im Tagesablauf gibt es bei uns?
- Wo und wie vermitteln sie den Kindern Sicherheit? Wo nicht?
- Welche Punkte lösen in uns Stress bei der Umsetzung aus?
- Welche Punkte gibt es nur, weil das immer so war?
- Wann und wo werden die Kinder aus dem Spiel geholt, weil der einmal festgelegte Ablauf das so vorsieht?
- Wo werden Kinder in ihrer Selbstbestimmung, Mitbestimmung und Mithandlung eingeschränkt?
- Welche anderen Möglichkeiten gibt es? Welche Punkte sollten warum bestehen bleiben und wo können die Strukturen flexibler werden? Welche Vorteile hätte das für die Kinder?
- Wie können die Kinder mit einbezogen werden, wenn wir den Tagesplan neu gestalten?

Strukturflexibilität lässt außerdem mehr Zeit und Raum für das freie Spiel der Kinder – ein Umstand, der wiederum das Lernen und ihre Selbstwirksamkeit unterstützt. Sie erfordert gleichzeitig gute Absprachen im Team und die gemeinsame Bereitschaft, sich immer wieder auf Neues einzulassen und während des Tages umzudenken, ohne gleich alles zu verwerfen, was ursprünglich besprochen wurde.

Strukturflexibilität macht Partizipation möglich.

Strukturflexibilität unterstreicht Partizipation im Tagesablauf und ist auch individuell und unter Personalmangel machbar, weil es von vornherein nicht zu viele feste Punkte gibt und die Bedürfnisse der Kinder im Mittelpunkt stehen. Diese Umstellung braucht Zeit, und doch ist es wichtig, sich nicht selbst die Last zu vieler fester Stationen im Tagesablauf aufzubürden, vor allem wenn deutlich wird, dass die Strukturen nicht mehr dienlich sind, sondern eher gute pädagogische Arbeit verhindern. Eine

„situative Wendigkeit“ dient somit allen und gibt auch den Fachkräften Gelegenheit, gut für sich selbst zu sorgen. Gerade dann, wenn Personalmangel alles zu beherrschen scheint, ist das eine wichtige Grundvoraussetzung, um unter diesen Anforderungen gesund zu bleiben (vgl. Füchtenschneider 2023, S. 53). Auf diese Weise führt mehr Partizipation zu einer Erleichterung des Arbeitsalltags für pädagogische Fachkräfte, weil mehr Strukturflexibilität zu mehr Teilhabe für die Kinder führt und der Tag entspannter abläuft.

Das Leben selbst ist nicht vorhersehbar. Die zwischenmenschlichen Beziehungen bleiben davon allerdings unberührt. Eine gute Gestaltung des Tagesablaufs mit sich wiederholenden Orientierungspunkten sorgt für Sicherheit und erleichtert es den Kindern, sich zurechtzufinden. Gleichzeitig können wir nicht jede Abweichung vom geplanten Ablauf verhindern und sollten das auch nicht. Kinder dürfen erfahren, dass die Beziehungen zwischen ihnen und den Fachkräften vom äußerlichen Ablauf unberührt bleiben. Eine gesunde Balance zwischen Vorhersehbarkeit und möglichen Änderungen im Ablauf sind wünschenswert. Andererseits entstehen sie im Alltag ohnehin, wenn beispielsweise eine Aktion aus Krankheitsgründen nicht oder anders stattfindet als es geplant war. Die Änderungen werden von der Stabilität der Beziehungen zwischen Fachkräften und Kindern getragen und zusammen bewältigt. Für Kinder ist es dann wichtig, ihre Sicherheit in der Interaktion und Vorhersehbarkeit der Reaktionen der Fachkräfte zu finden.

Podcast Fea‘s naive Welt (Folge 113):
Strukturflexibilität – Im Gespräch mit Hannah Vasiliadis

https://feasnaivewelt.podigee.io/114-strukturflexibilitat-im-gespraechmit-hannah-vasiliadis

15 „Das möchten doch dann sicher alle …“ Eltern und Partizipation

Auch Eltern haben Wünsche und Bedürfnisse und hoffen, vom Personal der Kita ihres Kindes ernst genommen und gehört zu werden. „Das wollen dann ja alle“, seufzen Fachkräfte häufig an dieser Stelle. Doch: Wer sich eine gute partnerschaftliche Zusammenarbeit mit den Eltern wünscht, darf auch in diesem Zusammenhang Strukturen überdenken.

Das Beispiel

In der Kita Butterblume sind einige Kinder täglich bis 13.30 Uhr angemeldet. Zu dieser Zeit bringen zwei Fachkräfte diese Kinder nach draußen, damit die Abläufe für die anderen Kinder nicht gestört werden. Während die Kinder abgeholt werden, kommen die anderen vom Mittagessen zurück, die jüngeren Kinder und diejenigen, die bereits müde sind, halten sich seit 12.30 Uhr im Schlafraum auf. Gerade in der Mittagszeit sind die Aufgaben „geballt“ und erfordern viele Absprachen. Immer wieder müssen Pausen der Fachkräfte verschoben werden, wenn Kolleg:innen ausfallen.
Ein Elternteil möchte sein Kind an diesem Tag bereits um 13 Uhr abholen. Die Eltern lassen sich gerade scheiden und leben getrennt. Der Vater kann nur dienstags und alle zwei Wochen am Wochenende Zeit mit seinem Kind verbringen, darüber sind die Fachkräfte informiert. Doch der Wunsch des Elternteils blitzt an den Strukturen der Kita ab. „Wir haben hier eine feste Abholzeit um 13.30 Uhr, für die Sie sich bei der Anmeldung entschieden haben. Ich habe Verständnis für Ihre Situation, aber es ist uns nicht möglich, in dem ganzen Trubel hier mittags

auch noch darauf zu schauen, Ihr Kind rauszubringen. Bitte kommen Sie wie alle anderen um 13.30 Uhr", sagt Fachkraft Marion. Zu ihrer Kollegin meint sie kurz darauf: „Unglaublich! Wenn wir das einmal anfangen, wollen es alle."

Was ist hier passiert?

Marion hat alle Abläufe der Kita im Kopf. Sie fürchtet, dass Unruhe entstehen könnte, wenn ein Kind schon früher zum Abholen nach draußen gebracht wird, denn sie weiß gerade nicht, ob es jemanden gibt, der das dann übernehmen kann. Zusätzlich ist sie in den normalen Alltag eingespannt und lehnt die Bitte des Elternteils lieber ab, als einen Fehler zu machen und Ärger mit Team und Leitung zu bekommen, weil sie eine Ausnahme gemacht hat. Solche Anfragen sind schon vorgekommen und wurden abgelehnt, um klare Regeln und Vorgehensweisen für alle zu schaffen. Marion hält sich damit also an die Absprachen, die im Team getroffen wurden, und ist der Meinung, nicht davon abweichen zu können. Manchmal schwingt auch die Besorgnis mit, dass alle Eltern dann mit ihren individuellen Wünschen an die Fachkräfte herantreten würden, wenn es sich herumspricht, dass eine Ausnahme von der Regel gemacht wurde.

Was könnte Marion stattdessen tun?

Manchmal müssen in der Arbeit in Kindertageseinrichtungen Ausnahmen von der Regel gemacht werden, um Bedürfnisse zu berücksichtigen und gut kooperieren zu können. Das gilt auch für die Zusammenarbeit mit Eltern. Marion könnte sich einen Moment in die Situation des Elternteils einfühlen und zumindest anbieten, nochmals im Team oder bei der Leitung nachzufragen, wie eine Lösung aussehen könnte. Ähnlich wie bei den Kindern, die nicht alle gleichzeitig das gleiche Bedürfnis haben, verhält es sich auch bei Eltern. Und sollten tatsächlich mehrere Eltern gleichzeitig denselben Wunsch haben, wäre es an der Zeit, die Strukturen der Kita grundsätzlich auf Aktualität hin zu überprüfen.

Marion bedenkt auch nicht, dass gar nicht zwingend jemand das Kind zur Tür bringen müsste. Der Vater könnte genauso gut in die Einrichtung kommen und das Kind dort abholen. Das Erkennen einer solchen Lösung benötigt Strukturflexibilität – nicht nur bei Marion, sondern auch bei den anderen Fachkräften des Teams –, um einem Konflikt im Hintergrund vorzubeugen. Die dialogische Haltung und die Orientierung an den Bedürfnissen, die auch in der Partizipation der Kinder so wichtig ist, finden hier ebenfalls Anwendung.

> Die Kita ist nie wichtiger als das System der Familie des Kindes.

Oft wird vom Beziehungsdreieck aus Fachkraft, Kind und Eltern gesprochen. Im Mittelpunkt steht dabei das Kind, die Fachkräfte bringen ihr professionelles Wissen ein und die Eltern sind die Expert:innen für das Kind. Es ist Aufgabe der Fachkräfte, die Beziehung zu den Eltern so zu gestalten, dass sie sich möglichst positiv auf das Kind auswirkt (vgl. Schubert-Suffrian & Regner 2021, S. 100). Indem Eltern die Erfahrung machen, dass sie gehört, gesehen und mit einbezogen werden, stärken Fachkräfte die Erziehungspartnerschaft zwischen Kindertageseinrichtung und Elternhaus. Damit wird auch eine wichtige Grundlage für die Implementierung von Partizipationsmöglichkeiten für die Kinder geschaffen. Eltern müssen mit einbezogen werden, wenn den Kindern innerhalb der Einrichtung mehr Partizipation ermöglicht werden soll.

Die Familie des Kindes und ganz besonders die Eltern gehören zur Arbeit in einer Kindertageseinrichtung. Sie bringen ihre eigenen Erfahrungen, Wünsche, Vorstellungen und Bedürfnisse mit und bleiben immer der wichtigste Bezugspunkt für ihr Kind. Es wird dabei nicht eine Familie als höherwertig angesehen als die andere, egal welches pädagogische Hintergrundwissen vermeintlich vorhanden ist oder nicht. Eltern sind gleichwürdig (vgl. Schneider 2023, S. 12).

In den vorangegangenen Kapiteln wurde bereits angeschnitten, dass manche Eltern sich beim Thema Partizipation Sorgen machen, ihre Kinder könnten nicht genug lernen oder nicht genügend Förderung erfahren. Ähnliches kann passieren, wenn Kinder ihre Rechte aus der Kita auch zu Hause einfordern. Eltern wollen ihre Expertise für ihr Zuhause und ihr Zusammenleben mit ihren Kindern behalten und entsprechend auch die Abläufe so gestalten, wie es für sie als Familie passt. Immer wieder steht auch die Frage im Raum, ob das viele Aushandeln und Lösungen Finden für Kinder nicht verwirrend und überfordernd ist, wenn das Kind zum Beispiel in der Kita etwas darf, worüber es zu Hause nicht entscheiden kann und umgekehrt. Ähnliche Irritationen gibt es auch, wenn Großeltern etwas erlauben, was zu Hause nicht geht.

Für Kinder stellt es im Normalfall kein Problem dar, wenn verschiedene Sichtweisen geäußert werden und die Erwachsenen sich auch einmal nicht einig sind. Sie können ebenfalls unterscheiden, wenn etwas zu Hause anders läuft als in der Kindertageseinrichtung. Das Wichtigste dabei ist, dass die unterschiedlichen Meinungen nebeneinander bestehen können, ohne die zwischenmenschlichen Beziehungen zu belasten. Sonst kommt es zu Dysbalancen, die bei den Kindern einen inneren Konflikt verursachen können, aus dem sie sich selbst nicht befreien können. Dies gilt sowohl für die Beziehungen zwischen Fachkräften und Eltern als auch innerhalb des Teams. Es kommt also darauf an, die gegenseitige Akzeptanz und Wertschätzung auch bei verschiedenen Ansichten spürbar zu machen. Solange Konflikte auf der sachlichen und nicht auf der emotionalen Ebene ablaufen, sind Kinder sehr gut dazu in der Lage, unterschiedliche Vorgehensweisen zu akzeptieren und sich entsprechend anzupassen (vgl. Regner & Schubert-Suffrian 2014, S. 103).

Eltern in den Prozess mit einbeziehen

Eltern sollten Bescheid wissen, welche Ziele Partizipation verfolgt, wie sie inhaltlich umgesetzt wird, welche rechtlichen Grundlagen sie hat und auch welche konkreten Schritte zur Umsetzung in der Kita gegangen werden. Da Partizipation oft Bereiche wie Essen, Kleidung, Schlaf, Spielsituationen oder auch die Planung von und Teilnahme an Angeboten umfasst, muss den Eltern unbedingt erklärt werden, wie sich das im Alltag der Kindertageseinrichtung niederschlägt und was ihre Kinder dabei lernen. Auch müssen Fragen und Sorgen der Eltern ernstgenommen werden. Wenn Eltern neu in die Einrichtung kommen, noch wenig Hintergrundwissen haben und sich auch die Abläufe noch schwer vorstellen können, braucht es präzise und gleichzeitig gut verständliche Erklärungen und Beispiele. Das heißt natürlich nicht, dass Partizipation wieder abgeschafft oder die Rechte der Kinder wieder eingeschränkt werden können.

Exkurs: Eltern in der Kita

Wichtig für die Teilhabe der Eltern und die Erziehungspartnerschaft ist es, die Eltern in die Kindertageseinrichtung zu holen. Nach der weltweiten Covid-19-Pandemie gibt es immer noch Kitas, in denen die Eltern ihre Kinder nur bis zur Eingangstür bringen und dort wieder abholen. Die Eltern betreten nie die Räume und können somit auch nur schwer eine Vorstellung davon entwickeln, wie ihre Kinder dort ihren Tag verbringen. Auch noch so viele Fotos und Elternabende können nicht abdecken, was Eltern tagsüber im Leben ihrer Kinder nicht mitbekommen.
Für manche Fachkräfte scheint es auch vor der Pandemie eine Herausforderung gewesen zu sein, die Eltern der Kinder länger als ein paar wenige Minuten beim Bringen und Abholen in den Räumen der Kita zu haben. Diese Situation hat sich nun gefühlt noch verstärkt und verhindert unter Umständen eine gute Erziehungspartnerschaft. Hospitationen innerhalb des pädagogischen Alltags sind gute Möglichkeiten,

> die Eltern wieder zurück in die Kitas zu holen, sofern sie ein solches Angebot wahrnehmen möchten. Im Sinne der Teilhabe der Eltern und der Erziehungspartnerschaft sollten diese Entwicklungen dringend überdacht und angepasst werden.

Um Eltern über bereits stattfindende Prozesse, aber auch Grundlagen von Partizipation zu informieren, bieten sich regelmäßige Elternabende und dauerhaft gepflegte Infowände an. Dort können die Entscheidungen der Kinder sowie die dadurch entstandenen Lernmomente immer wieder transparent dargestellt und so auch für die Kinder sicht- und greifbar werden.

Eltern sollten erst dann mit einbezogen werden, wenn im Team über die Umsetzung von Partizipation Einigkeit herrscht. Die pädagogischen Ziele von Partizipation sollten dann allen Teammitgliedern klar sein. Bereits benannt wurden unter anderem: Die Stärkung des Selbstbewusstseins, die Entwicklung der eigenen Persönlichkeit, Übernahme von Verantwortung, Erlernen sozialer Kompetenzen und Problemlösefähigkeiten (vgl. Schubert-Suffrian & Regner 2021, S. 108). Je klarer die Fachkräfte ihre eigenen Standpunkte erarbeitet haben, umso klarer und besser können sie den Eltern die Entwicklungen in punkto Mitbestimmung erklären und sie von der Idee der Partizipation begeistern. Denn die Frage ist ja nicht, ob Partizipation stattfindet und umgesetzt wird oder nicht. Doch sind Fragen, Sorgen, Ängste oder auch der Wunsch, selbst mitwirken zu können, vonseiten der Eltern verständlich und brauchen Gehör und Dialog.

16 „Das habe ich so nicht gedacht!“ Beobachtungen und Teilhabe der Kinder

Die Kinder, ihr Verhalten und ihre Interessen zu beobachten ist eine wichtige Aufgabe im Alltag der pädagogischen Fachkräfte. Ihre gesamte Arbeit beruht auf wohlwollenden, vorurteilsbewussten Beobachtungen, die sie im Kita-Alltag machen. Und diese Beobachtungen stärken die Beziehungen zu den Kindern (vgl. Franz 2016, S. 115ff.).

Das Beispiel

Fachkraft Leonora hat Charlie im Atelier aktiv beobachtet. Sie hat die Situation fotografiert und freut sich, gleich in der Bürozeit eine Lerngeschichte für Charlie zu schreiben. Am PC schaut sie die Fotos an, sortiert ihre Notizen dazu und fragt sich an einer Stelle, was Charlie da eigentlich gemacht hat und erfahren wollte. Sie sichtet erneut die Fotos und findet für sich eine Erklärung. Entsprechend schreibt sie die Lerngeschichte und heftet sie kurze Zeit später im Portfolio ab. Am nächsten Tag zeigt sie Charlie, was sie geschrieben hat. Charlie freut sich über die Bilder, zeigt darauf und sagt plötzlich: „Aber da! Das hab ich so nicht gedacht!“

Was ist hier passiert?

Leonora hat Charlie nicht gefragt, als sie sich unsicher in ihrer Einschätzung war. Sie hat aus ihrer Erinnerung heraus interpretiert und ihren Gedanken dann niedergeschrieben. Dabei war Leonora sich sicher, die richtige Aussage getroffen zu haben. Charlie freut sich zunächst über die Lerngeschichte. Die selbst gestellte Aufgabe im Atelier ist noch präsent, und Charlie kann nachspüren und visuell nachverfolgen, wie die Situation war.

Anstelle des Widerspruchs hätte Charlie sich verpflichtet fühlen können, nichts zu sagen, sich trotzdem zu freuen und damit der Erwartungshaltung der Erzieherin zu entsprechen. Aber Charlie hat genug Selbstbewusstsein, die eigenen Gedanken einzubringen. Ein schüchternes Kind oder ein Kind, das keine gute Beziehung zu Leonora hat, hätte das vermutlich nicht getan. Ein Gefühl des Missverstanden-werdens oder auch des Doch-nicht-so-richtig-wahrgenommen-werdens bleibt dann beim Kind zurück.

Was könnte Lorena stattdessen tun?

Lorena könnte direkt im Anschluss an die Situation mit Charlie ins Gespräch gehen. Auch die Dokumentationen, die Fachkräfte für Portfolios erstellen und die aus Beobachtungen entstehen, können sehr gut partizipativ gestaltet werden. Portfolios stellen für Kinder eine wunderbare Möglichkeit dar, ihre eigene Entwicklung zu sehen. So bekommen sie ein Bewusstsein für ihre Stärken und Fähigkeiten, aber auch für ihre Schwächen. Kinder können mitentscheiden, welche Fotos für das Portfolio ausgewählt werden, und erzählen, wie sie sich in der jeweiligen Situation gefühlt, was sie gedacht haben. Genauso könnte gemeinsam darüber nachgedacht werden, ob vielleicht ein Plakat, ein kleines Büchlein oder etwas ganz anderes aus der Beobachtung gemacht werden soll (vgl. Franz 2016, S. 126). Die Beziehung zwischen Fachkraft und Kind wird durch diesen Dialog gestärkt und vertieft.

Auch für die jüngeren Kinder ist diese Art der Mitgestaltung bereits möglich – entsprechend ihrer individuellen Fähigkeiten. Außerdem kann hier eine Brücke zu den Eltern entstehen, indem auch sie gemeinsam mit ihren Kindern Seiten gestalten, die dann in das Portfolio eingefügt werden. Gleichzeitig lassen die Fachkräfte die Kinder wissen, was sie beobachtet haben, welche Entdeckungen sie dabei gemacht haben und welche Erkenntnisse über das Kind gewonnen wurden. Das Kind darf und soll „mitwissend" sein bei dem, was die beobachtende Fachkraft sieht und denkt. Damit geht die Fachkraft mit dem Kind in einen Diskurs auf Augenhöhe und überprüft, ob ihr gewonnenes Bild stimmig ist. Eine fragende und zum Dialog bereite Haltung ist auch hier erforderlich (vgl. Kazemi-Veisari 2004, S. 69).

> Von ihren Beobachtungen ausgehend gestalten Fachkräfte die Räume, planen Aktivitäten und beziehen im besten Sinne der Partizipation die Kinder mit ein.

Mitentscheiden und Beteiligtsein heißt auch, in Fragen der Raumgestaltung gehört zu werden und eine Meinung zur nächsten Spielzeuganschaffung zu haben. Auch Krippenkinder können daran teilhaben. Partizipation findet hier gleichermaßen über Beobachten, Anbieten und eventuell weitere Veränderungen der Situation statt.

Ein weiterer wichtiger Punkt bei der Partizipation an Beobachtung ist der Austausch der Fachkräfte untereinander über das, was sie gesehen und wahrgenommen haben. Dafür benötigen sie eine angemessene Vor- und Nachbereitungszeit ohne die Kinder, denn: Vor ihnen über sie zu reden kann für Kinder durchaus unangenehm sein und zu seelischer Gewalt zählen. Auch pädagogische Handlungsweisen und Erfahrungen mit den Kindern können in diesem Zeitfenster reflektiert werden. Dabei ist es besonders wichtig, die wohlwollende und gleichwürdige Haltung zu bewahren und Kinder nicht zu beurteilen.

Vom Kind aus denken

Um Partizipation tatsächlich leben und umsetzen zu können, müssen wir anfangen, mehr vom Kind aus zu denken. Bestimmt würden Kinder manche Kitas anders bauen und gestalten. Es wären Orte, an denen viel gelacht, getobt und gespielt wird. Ganz sicher wären es Orte, an denen ohne jede Frage jeder Mensch willkommen ist. Es wäre viel Platz zum Malen, Experimentieren und Ausprobieren, und die Bedürfnisse würden vor dem Plan stehen. Es sollte selbstverständlich werden, die Rechte der Kinder in der pädagogischen Arbeit zu berücksichtigen und immer wieder zu reflektieren, was zu tun ist, um ihnen gerecht zu werden. Nicht nur das Recht auf Partizipation ist notwendig, sondern ein grundsätzliches Verständnis, dass Kinder junge Menschen mit eigenen Lebenserfahrungen und eigenen Wegen sind. Wenn pädagogische Fachkräfte anfangen, sich über das Lernen der Kinder zu freuen, sie wirklich miteinbeziehen und Beurteilungen außen vor lassen, werden Begriffe wie Partizipation und gewaltfreie Erziehung keine leeren Worte mehr sein (vgl. Finger 2023, S. 87).

Danke

Partizipation ist ein Prozess, der sich immer weiterentwickelt, wenn wir einmal damit angefangen haben und es ernst meinen mit unserer Haltung den Kindern gegenüber. Deswegen möchte ich mich zuerst bei allen Kindern bedanken, die ich bisher begleiten durfte und die auch mich begleitet haben. Ihr habt mir gezeigt, was Partizipation und Auf-Augenhöhe-sein wirklich bedeuten.

Ein besonderer Schatz für mich sind die vielen Menschen, die dazu beitragen, dass sich die Welt der Kitas Stück für Stück verändern kann und aus deren Arbeit und Gedanken ich selbst so viel Kraft ziehen darf. Ich danke besonders Lea Wedewardt, Kathrin Hohmann und Anja Cantzler für ihre Präsenz im Hintergrund und das Beantworten jeder meiner Fragen während des Schreibprozesses. Sarah Bauer, Ella Michel und Christin Füchtenschneider sowie Stefanie Berlin und Jessica Dermaku möchte ich von Herzen danken für alle aufbauenden Worte sowie jede fachliche und nicht-fachliche Reflexion, die manchmal so nötig ist. Hannah Vasiliadis gilt mein Dank für die gemeinsame Entwicklung des Begriffs „Strukturflexibilität". Wir sind vielleicht nicht die ersten, die dieses Vorgehen beschreiben, doch sie war die Erste, mit der ich einen Begriff für diese Art zu arbeiten für mich finden durfte. Und immer, wenn ich an Laura Grimm denke, bin ich ihr dankbar für ihr „Losgehen", mit dem sie alle mitzieht, die wollen. Dankbar bin ich auch Hergen Sasse, Sebastian Lisowski, Saskia Barriga und Janine Schmies für den Austausch und das Mitfreuen.

Ein weiterer großer Dank geht an meinen Partner, der mich mehr unterstützt, als ich es jemals geglaubt hätte.

Bedanken möchte ich mich außerdem bei allen Menschen, die meinen Podcast hören, lesen, was ich schreibe, mit mir über verschiedene Kanäle in Verbindung treten und mir zeigen, dass meine Arbeit genau da ankommt, wo sie gebraucht wird. Ihr seid Inspiration, Durchhaltemotivation, Freude, Verbündete für mich.

Literatur

Alemzadeh, M. (2012): Zeitlupe. Dem Tag mit Kleinstkindern Qualität geben. Kleinstkinder in Kita und Tagespflege 5, 8–11.

Arbeitsgemeinschaft für Kinder- und Jugendhilfe (AGJ)/Bundesarbeitsgemeinschaft Landesjugendämter (Hrsg.) (2012): Handlungsempfehlungen zum Bundeskinderschutzgesetz. Orientierungsrahmen und erste Hinweise zur Umsetzung. Berlin: Eigenverlag.

Cantzler, A. (2023): Schätze finden statt Fehler suchen. Herausforderndes Verhalten verstehen in Kita, Krippe und Kindertagespflege. Freiburg im Breisgau: Herder.

Finger, F. (2023): Frei und selbst bestimmt? Von wegen. Adultismus in der Kita. kindergarten heute, 53 (4), 10–14.

Franz, M. (2016): „Heute wieder nur gespielt" – und dabei viel gelernt! 4. Auflage. München: Don Bosco.

Füchtenschneider, C. (2023): Mutig neue Wege gehen. Vom Müssen zum Wollen. In: K. Hohmann et al.: Kita(r)evolution. Zeit für Veränderung. Freiburg im Breisgau: Herder, S. 50–54.

Gutknecht, D. & Kramer, M. (2018): Mikrotransitionen in der Kinderkrippe – Übergänge im Tagesablauf achtsam gestalten. Freiburg im Breisgau: Herder.

Hansen, R.; Knauer, R. & Sturzenhecker, B. (2009): Die Kinderstube der Demokratie – Partizipation von Kindern in Kindertageseinrichtungen. TPS 2, 46–50.

Hansen, R.; Knauer, R. & Sturzenhecker, B. (2015): Partizipation in Kindertageseinrichtungen. So gelingt Demokratiebildung mit Kindern! Weimar: verlag das netz.

Hohmann, K. (2022): Augenhöhe statt Strafen. Beziehungsstark in Kita, Krippe und Kindertagespflege. Freiburg im Breisgau: Herder.

Juul, J. (2015): Vier Werte, die Eltern und Jugendliche durch die Pubertät tragen. München: Gräfe und Unzer.

Kazemi-Veisari, E. (2004): Kinder verstehen lernen. Wie Beobachten zu Achtung führt. TPS Profil. Seelze/Velber: Friedrich.

Liebel, M. (2020): Unerhört. Kinder und Macht. Weinheim/Basel: Beltz Juventa.

Maywald, J. (2019): Gewalt durch pädagogische Fachkräfte verhindern. Freiburg im Breisgau: Herder.

Regner, M. & Schubert-Suffrian, F. (2014): Beschwerdeverfahren für Kinder. praxis kompakt. Themenheft für den pädagogischen Alltag. Freiburg im Breisgau: Herder.

Schneider, H. (2023): Partizipation im Kita-Alltag leben. Wickeln, Händewaschen, Windelfrei. Beziehungsvolle Pflege in Krippe und Kita. Stuttgart: Klett Kita.

Schubert-Suffrian, F. & Regner, M. (2021): Partizipation in der Kita. 2. Auflage. Freiburg im Breisgau: Herder.

Schwarzer, M. & Heller, F. (2021): Wer bestimmt hier mit? Ressourcenorientiert Partizipation weiterentwickeln. klein & groß, 74, 7–10.

Stauss, B. & Seidel, W. (2023): Beschwerdemanagement. Unzufriedene Kunden als profitable Zielgruppe. 6. Auflage. München: Carl Hanser.

Sturzbecher, D. & Waltz, C. (2003): Kooperation und soziale Partizipation als Bedürfnis und Entwicklungsaufgabe von Kindern. In: D. Sturzbecher & H. Großmann (Hrsg.): Soziale Partizipation im Vor- und Grundschulalter. Grundlagen. München: Ernst Reinhardt, S. 13–44.

von der Beek, A.; Fuchs, R.; Schäfer, G.E. & Strätz, R. (2005): Schlussfolgerungen für die Gestaltung von Bildungsprozessen in Kindertagesstätten. In: G.E. Schäfer (Hrsg.): Bildung beginnt mit der Geburt. Ein offener Bildungsplan für Kindertageseinrichtungen in Nordrhein- Westfalen. 2. Auflage. Weinheim und Basel: Beltz.

Wedewardt, L. & Hohmann, K. (2021): Kinder achtsam und bedürfnisorientiert begleiten in Krippe, Kita und Kindertagespflege. Freiburg im Breisgau: Herder.

Wedewardt, L. (2023): Ankommen dürfen statt loslassen müssen. Bedürfnisorientierte Eingewöhnung in Kita, Krippe und Kindertagespflege. Freiburg im Breisgau: Herder.

Winkelmann, A.S. (2022): Machtgeschichten. Ein Fortbildungsbuch zu Adultismus für Kita, Grundschule und Familie. 3. Auflage. Limbach-Oberfrohna: Edition Claus.